INGRID ROMBERG-ASBOTH

Wenn die Kinderseele weint

Seelische Nöte
erkennen und verstehen

•

Eine Hilfe für Eltern

KÖSEL

ISBN 3-466-30499-7
©1999 by Kösel-Verlag GmbH & Co., München
Printed in Germany. Alle Rechte vorbehalten
Druck und Bindung: Ebner Ulm
Umschlagmotiv: Mauritius – AGE
Umschlaggestaltung: Kaselow Design, München

1 2 3 4 5 · 03 02 01 00 99

Gedruckt auf umweltfreundlich hergestelltem Werkdruckpapier
(säurefrei und chlorfrei gebleicht)

Inhalt

Vorwort

Wie oft sehen wir ein Kind weinen und fühlen sofort den Impuls, es in den Arm zu nehmen und seine Tränen zu trocknen. Das ist schwierig genug. Es gibt jedoch auch Tränen, die wir nicht sehen können, die sich hinter einem Grinsen, einem Lachen, einer Aggression oder einem betont »coolen« Verhalten verstecken. Tränen, die die Seele weint, sind meist unsichtbar. Sie sind tief verborgen und sollen es meist auch sein, da sich Kinder und Erwachsene häufig für ihre Seelentränen und vor allem für den Grund dieser »Schwächen« schämen.

Die meisten von uns sind dazu erzogen worden, stark und unverwundbar sein zu müssen. Manche haben diese Maxime so verinnerlicht, dass sie selbst an ihre Unverletzbarkeit glauben. Entsprechend geben sie diese Maxime an ihre Kinder weiter.

Ich habe lange mit mir gerungen, ein Buch über Tränen der Seele zu schreiben. Wie soll, wie kann man über etwas schreiben, in Worten ausdrücken, was an sich unsichtbar und uns gar nicht mehr bewusst ist?

Tränen der Seele sind oft schon innerlich erstarrt und damit nicht nur unsichtbar, sondern auch unfühlbar geworden. Wir haben keinen direkten Zugang mehr zu diesen Seiten unserer Seele, und dennoch bleiben sie in unserem Verhalten und Fühlen auf Umwegen – mitunter gut maskiert – lebendig.

Stellen Sie sich vor, Sie hätten im Laufe Ihres Lebens immer wieder unangenehme, schmerzhafte Erlebnisse gleich unliebsamen Geistern in ein dunkles Verließ in Ihrem Inneren eingesperrt und mit der Zeit hohe Mauern vor den Zugängen dieses Kerkers errichtet.

Nun haben Geister die dumme Angewohnheit, sich nicht endgültig ruhig stellen zu lassen, sondern sie »geistern« immer wieder durch unser Leben, meist ohne dass sie sich direkt zu erkennen geben.

Unbewusst gewordene Seelentränen prägen unser Verhalten, unsere Stimmung, unser Selbstbewusstsein, ohne dass wir zwischen ihnen und unserem Verhalten einen klaren Zusammenhang herstellen können.

Wir können nur Einfluss auf unser Verhalten – hier in unserem Verhalten unseren Kindern gegenüber – nehmen, wenn wir uns unserer eigenen Kellergeister sowie jener unserer Kinder bewusst werden. Vielleicht denken Sie jetzt: »Aber ich weiß doch, was ich tue, und vor allem kenne ich doch mein Kind!«

Das mag für viele Situationen stimmen.

In meiner Praxis erlebe ich jedoch täglich, dass Eltern im Verlaufe unserer Gespräche mit Verblüffung, aber auch Faszination spüren, in welch hohem Maße »eingefrorene« Erlebnisse aus ihrer eigenen Kindheit unbewusst das Verhalten ihren Kindern gegenüber bestimmen.

Ein einfaches Beispiel: Viele Väter sind der Meinung, dass eine Tracht Prügel ihren Kindern nicht schaden könne, weil sie selbst von ihren Eltern auf diese Weise bestraft wurden und es ihnen nicht geschadet habe. Wenn diese Väter jedoch in sich hineinhorchen, sich in die damalige Situation wirklich zurückversetzen, spüren sie meist, dass die Schläge ihres eigenen Vaters in der Seele wehgetan haben, dass sie durch sie beschämt und entwürdigt wurden.

Wenn ein Vater sich diese demütigenden Gefühle wieder bewusst gemacht hat, wird er automatisch die Scham- und Ohnmachtsgefühle seines eigenen Kindes nachempfinden können und nach anderen Möglichkeiten suchen, die Konflikte mit seinem Kind zu lösen.

10

Jeder von uns hat seine eigene Geschichte. Und doch gibt es Gemeinsamkeiten, Probleme, Verletzungen, die einander gleichen.

Sie werden sich vielleicht in dem einen oder anderen Beispiel, in der einen oder anderen Geschichte wieder finden. Sie haben vielleicht ähnliche Schwierigkeiten mit Ihrem Kind oder mit sich selbst und finden in dem einen oder anderen Beispiel einen hilfreichen Ansatz für sich selbst.

Meine Hoffnung ist, dass Sie sich – wenn Sie dieses Buch gelesen haben – mit Ihren Sorgen zumindest ein bisschen verstanden und mit ihnen nicht mehr ganz so allein fühlen.

Auch möchte ich Ihnen mit diesem Buch Mut machen, sich kompetente Hilfe zu suchen, wenn Sie merken, dass Sie und Ihr Kind leiden und dass die sicher gut gemeinten Ratschläge aus Ihrem Freundes- und Bekanntenkreis Ihnen nicht wirklich weiterhelfen.

In meiner Praxis erlebe ich immer wieder, dass alle Eltern unter großen Schuldgefühlen leiden, wenn sie merken, dass mit ihrem Kind »etwas nicht in Ordnung« ist. Sei es, dass es nachts immer noch ins Bett macht, obwohl es vom Alter her längst trocken sein müsste, sei es, dass es stottert, dass es besonders scheu oder aggressiv ist, vielleicht plötzlich in der Schule versagt, ständig unangenehm auffällt oder gar keine Freunde finden kann.

All das können verborgene Tränen der kindlichen Seele sein. Vielleicht fühlen Sie sich dafür verantwortlich, ohne dass Ihnen bewusst wäre, irgendetwas »falsch« gemacht zu haben. Kein Wunder! Sie haben ja auch »bewusst« nichts gegen Ihr Kind, sondern alles für Ihren Sohn oder Ihre Tochter getan.

Eltern sind normalerweise immer darum bemüht, alles erdenklich Gute und »Richtige« für ihr Kind zu tun. Das Verhalten Ihres Kindes signalisiert, dass irgendetwas in der Beziehung zwischen Ihnen und Ihrem Kind nicht stimmt.

11

Wohlgemerkt: Es geht mir nie um Schuldzuweisung! Vorwürfe und schlechtes Gewissen bringen uns selten weiter.

Das auffällige Benehmen eines Kindes ist in der Regel ein Symptom für tief liegende seelische Wunden, so wie ein Hautausschlag, eine Allergie oder eine Erkrankung körperliche Anzeichen dafür sind, dass der Organismus mit irgendetwas nicht mehr fertig wird.

Manchmal lässt sich der Knoten in der Beziehung zwischen Eltern und Kind schon mit wenigen Erklärungen und Informationen lösen.

Manchmal müssen Eltern etwas länger nach den eigenen verschütteten Seelentränen fahnden, bevor sie die Tränen ihres Kindes begreifen können.

Ich möchte in diesem Buch Zusammenhänge aufzeigen, die für viele von uns zutreffen. Ich werde also nicht von extrem schweren seelischen Erkrankungen sprechen, auch nicht von tragischen Schicksalen, von Erlebnissen wie Tod, Krieg und schweren körperlichen Erkrankungen.

Ich möchte mich vielmehr mit den seelischen Tränen beschäftigen, die aufgrund unseres ganz alltäglichen Verhaltens fließen, ohne dass wir uns der Verknüpfungen bewusst sind.

Dabei sind die Symptome – die maskierten Tränen – und die dahinter steckenden Verletzungen, objektiv betrachtet, meist nicht so dramatisch, doch stete Tropfen können mit der Zeit auch tiefe Wunden in die Seele graben.

Wenn die Beziehung zwischen Eltern und Kind gestört ist, hat das – wie gesagt – nichts mit Schuld zu tun. Weder Eltern noch Kinder machen ja bewusst etwas »falsch«. Ihre Seele reagiert lediglich ganz »gesund« auf eine offene, schlecht verheilte Wunde aus der Vergangenheit.

Die Reaktion unseres Kindes mag unbequem sein. Durch sie wird jedoch der Schritt zurück in die eigene Kindheit möglich. Und der ist eigentlich ein großer Schritt vorwärts. Wenn Sie erneut Verbindung zu Ihrer eigenen Seele aufnehmen, werden Sie das Verhalten und damit die Seele Ihres Kindes besser kennen lernen und verstehen, und Sie werden ein paar eigene Tränen trocknen. Es kostet Mut, sich der eigenen Vergangenheit zu stellen, vielleicht kann dieses Buch Ihnen ein wenig die Angst davor nehmen. Es gibt nichts zu verlieren, aber viel zu gewinnen. Auf der gesamten Erde werden die meisten Menschen in ihrem Leben ein oder mehrere Male »Eltern«. Elternsein ist ein Beruf, der uns manchmal unser ganzes Leben ausfüllt, für den wir aber – so meinen wir jedenfalls in unserer Kultur – nichts zu lernen brauchen. Merkwürdig, denn es gibt wohl kaum einen Beruf, in dem Sie so viel Einfluss und so viel Macht haben wie in der Beziehung zu Ihren Kindern.

In meinem ersten Beruf als Lehrerin habe ich einmal an einer Realschule unter anderem das Fach Erziehungskunde unterrichtet. Das Interesse der Schülerinnen und Schüler war so groß, dass sogar andere Mitschüler aus den Parallelklassen ihren Planunterricht geschwänzt haben, um noch etwas mehr über die seelische Entwicklung von Kindern und deren Bedürfnisse zu erfahren. Alle waren begeistert, endlich etwas Realistisches über das bevorstehende Zusammenleben in der Familie zu lernen. Nach einem »Probejahr« wurde die Erziehungskunde jedoch wieder vom Lehrplan gestrichen, mit der offiziellen Begründung, dass im Vergleich zu den Kernfächern dieser Unterrichtsstoff überflüssig sei.

Dieses Vorgehen spiegelt das Interesse unserer Gesellschaft an dem seelischen Wohlergehen unserer Kinder und uns selbst wider. Es verdeutlicht zudem unsere Meinung, dass Elternschaft keiner Vorbereitung bedürfe.

Leider stimmt diese These nicht, denn dann wäre auch der Beruf des Psychotherapeuten überflüssig. Unsere Praxen wären nicht so überfüllt, es würden nicht so viele Kinderseelen weinen.

Da ich aber der Überzeugung bin, dass es durchaus der Vorbereitung bedarf, möchte ich mich im ersten Teil diese Buches dem Beruf »Eltern« widmen.

Beginnen möchte ich mit der Überlegung, dass wir uns in unserer Seele mit unseren Kindern bereits intensiv beschäftigen, bevor sie überhaupt zum Leben erweckt sind. Nun noch kurz ein Hinweis, welche »Reiseetappen« Sie erwarten. Zunächst möchte ich Ihnen einige allgemeine Informationen zu den Vorstellungen, Wünschen, Hoffnungen und Träumen, die die meisten von uns bezüglich unserer Kinder hegen, aufzeigen. In der Realität sieht dann vieles oft anders aus. Unsere Enttäuschung aber spüren unsere Kinder genau. Obwohl sie gar nichts dafür können, fühlen sie sich schuldig. Ich möchte Ihnen einige Anregungen geben, in Ihrem »Beruf« als Eltern mit Vorurteilen und falschen Vorstellungen aufzuräumen.

Im zweiten Teil werde ich mich eingehend mit den Maskierungen kindlicher Seelentränen beschäftigen und Sie vertraut machen mit den so genannten psychischen Symptomen.

Im dritten Teil liegt der Schwerpunkt auf den möglichen und aus meiner beruflichen Erfahrung relativ häufig unbewussten Verknüpfungen der kindlichen Seelentränen mit den »Kellergeistern« der Eltern.

Beim Aufzeigen dieser Verknüpfungen wird es immer wieder zu Überschneidungen und Wiederholungen kommen, die sich schwer vermeiden lassen, da die Erkrankungen der Seele und deren Ursachen in vielfacher Weise miteinander verwoben sind. Vielleicht ist es aber auch hilfreich, das eine oder andere erneut zu hören und es aus verschiedenen Blickwinkeln zu betrachten.

Ich erhebe natürlich keinerlei Anspruch auf Vollständigkeit. Es werden viele Fragen unbeantwortet bleiben. Wenn

14

ich Sie jedoch dazu anregen kann, weitere Fragen zu stellen, ist damit ein weiteres wichtiges Anliegen diese Buches erreicht.

Ich habe dieses Buch für Kinder geschrieben, denn sie können sich nicht wehren. Wir alle waren einmal Kind. Es ist also auch ein Buch für Eltern, die das Kind in sich wieder entdecken und damit ihre Kinder schützen und ihnen helfen wollen. Einen tragfähigen Boden für sich selbst und das Leben mit Partner und Kind zu finden ist oft nicht leicht. Doch gerade in dieser schwierigen Situation scheuen wir uns, Hilfe zu suchen und anzunehmen. Bei jedem technischen Problem wenden wir uns ganz selbstverständlich an einen Fachmann. Bei den viel komplizierteren seelischen »Kurzschlüssen« können wir uns genauso fachlichen Rat mit gutem Gewissen zugestehen. Auch dafür soll dieses Buch sprechen!

Ich habe mich bei meinen Ausführungen auf das Kindesalter zwischen 0 bis 10 Jahre beschränkt. Mit der beginnenden Pubertät entwickeln Kinder bzw. Jugendliche ganz spezifische Probleme. Selbst »ohne Tränen« geraten die Beziehungen der Jugendlichen zu ihren Eltern und umgekehrt in dieser Zeit oft recht schwierig. Die seelischen Erkrankungen im pubertären Alter sind von besonderer Art und erfordern daher eine gesonderte Betrachtungsweise, die den Rahmen diese Buches sprengen würde.

Abschließend sei gesagt, dass ich dieses Buch auf dem Hintergrund meiner beruflichen Erfahrung als analytische Kinder- und Jugendlichen-Psychotherapeutin geschrieben habe. Bei den hier aufgeführten Beispielen wurden von mir zum Schutz der Patienten Namen und persönliche Daten geändert oder weggelassen.

15

Wünsche und Erwartungen an das ungeborene Kind

Ich glaube, die meisten Liebespaare träumen irgendwann davon, gemeinsam ein Kind zu bekommen. Auch Frauen, die ohne Partner leben, wünschen sich häufig ein Kind.

Männer haben – oder äußern – ohne eine feste Partnerin wesentlich seltener den Wunsch nach Kindern. Ob das eine Frage des Geschlechts oder der gesellschaftlichen Norm ist, sei dahingestellt.

Der Wunsch nach Kindern ist tief in uns und auch in unserer Gesellschaft verankert. Wir Menschen wären längst ausgestorben, wenn dieser Wunsch nicht genetisch in uns verwurzelt wäre und die Befriedigung unserer sexuellen Wünsche nicht auch häufig – gewollt oder ungewollt – zur Entstehung eines Kindes führen würde.

Der bewusste Wunsch nach einem Kind ist jedoch häufig ebenso rosarot gefärbt wie die Träume der ersten Verliebtheit.

Da meines Erachtens die Entwicklung eines Kindes auch sehr viel mit der Situation der werdenden Eltern, mit ihrer gemeinsamen Planung und ihrer inneren und äußeren Befindlichkeit während der Schwangerschaft zu tun hat, möchte ich zunächst etwas näher darauf eingehen, aus welchen Beweggründen Erwachsene ein Kind bekommen.

Ein Wunschkind wird die neun Monate im Mutterleib und seine erste Begegnung mit der Welt, also mit seinen Eltern vermutlich anders erleben als ein ungewolltes Kind, das mit den zwiespältigen Gefühlen der Eltern, vielleicht auch der Angst einer allein gelassenen Mutter konfrontiert ist.

16

Das heißt nicht, dass jedes ungeplante Kind seelische Schäden erleiden muss. Entscheidend ist vielmehr, in wie gutem Maße sich die werdenden Eltern auf das heranwachsende Wesen einstellen können.

Dabei spielen verschiedene Faktoren eine Rolle.

Gesellschaftliche Rahmenbedingungen

Die soziale Umwelt spielt eine eminent wichtige Rolle bei der Frage, inwieweit die Frau oder das Paar mit der neuen Verantwortung zurechtkommt. Eine allein stehende Mutter, die keine finanzielle Existenzgrundlage hat, deren Partner sich vielleicht aufgrund der Schwangerschaft »aus dem Staub gemacht« hat, wird ihrem Kind bewusst oder unbewusst mit einer anderen inneren Einstellung begegnen und ihm zudem äußerlich andere Lebensbedingungen schaffen können als eine Frau, deren Lebensunterhalt abgesichert ist (sei es vonseiten ihres Elternhauses oder vom Vater des Kindes), so dass sie sich zunächst einmal den Bedürfnissen des Kindes widmen kann.

Wenn eine Mutter acht bis zehn Stunden täglich Geld verdienen muss, um die äußere Grundlage für ihr Leben mit dem Kind zu schaffen, kann sie bei allen guten Absichten nicht immer die Kraft haben, den seelischen Bedürfnissen ihres Kindes nach Geborgenheit, Kontaktsicherheit und ständigem liebevollen Umsorgtsein gerecht zu werden. Das wäre geradezu übermenschlich. Damit beginnt bereits der erste Teufelskreis. Ein Baby, das diesen frühen Entbehrungen ausgesetzt ist, reagiert meist mit viel Unruhe, vielem Schreien und auch Schlaflosigkeit. Diese Reaktion beansprucht natürlich wiederum seelisch wie nervlich die Mutter, die, überlastet und gereizt, sicherlich ohne böse Absicht schon mal ärgerlich werden wird auf dieses schwierige Kind.

17

Die ersten »Tränen« fließen. Hier hat keineswegs nur die Mutter »Schuld«, sondern ebenso die Gesellschaft, die zwar das ungeborene Leben schützen will, aber für das Neugeborene zu wenig tut.

Ich meine, dass nur eine Gesellschaft, die einer Mutter zumindest in den ersten drei bis vier Jahren den materiellen Hintergrund sichern kann, um sich ganz der Entwicklung ihres Kindes zu widmen, ein Recht hat, Abtreibungen zu verbieten. Die Bedingungen unserer Leistungsgesellschaft entsprechen trotz sozialer Gesetzgebung einer Gießkanne voll Wasser in der Wüste. Ich bin der Überzeugung, dass Frauen, die sich aus seelischen oder existenziellen Gründen gegen ihr Kind entscheiden, ihm mitunter mehr Liebe entgegenbringen als eine Gesellschaft, die hohe moralische Erwartungen setzt, ohne die Grundlagen dafür bereitzustellen. Wie oft bin ich in meiner Sprechstunde Kindern begegnet, deren seelische Verletzungen in einer verzweifelten Mutter wurzeln, die einfach keine andere Wahl hatte, als ihr Kind auf die Welt zu bringen. Eine Welt, die die Mutter überforderte und damit auch das Kind. Wer das Leid solcher Kinder und das meist ebenso große Leid ihrer Mütter miterlebt, wird sicher differenzierter über Frauen urteilen, die ihr Kind nicht in diese Situation bringen wollen und sich deswegen dagegen entscheiden.

Wenn die Liebe fehlt

Hier ist der Hintergrund ein anderer, doch die Auswirkungen auf das Kind sind ähnlich. Mütter und Väter, die vielleicht aus moralischer Überzeugung nicht abtreiben wollen, aber innerlich keine liebevolle Einstellung zu dem Kind entwickeln können oder wollen, verwehren ihm von Anfang an das Wichtigste im Leben: die Liebe.

18

Viele solcher Eltern überlassen die Pflege und Sorge für ihr Kind anderen Menschen, da ihr eigentliches Interesse ihrer beruflichen Karriere oder ihrer Unabhängigkeit gilt. Kinder solcher Eltern erleiden oft schwere seelische Schäden, da sie das mangelnde Interesse ihrer Eltern spüren. Unfähig, die Eltern zu verstehen, fühlen sie sich ungewollt, wertlos und »schuldig«.

Sicherlich kann die Liebe zu dem Kind im Laufe der Zeit wachsen. Das hängt davon ab, ob sie selbst als Baby von ihren Eltern erwartet, empfangen und geliebt worden sind. Es ist für jede Seele äußerst schwierig, eine Sprache zu sprechen, die sie nie zuvor gehört hat. Also dem eigenen Kind etwas zu geben, das man selbst nicht kennen gelernt hat.

Daher sollten sich Mann und Frau vor der Entscheidung, ein Kind zu bekommen, sehr verantwortungsvoll und gewissenhaft überlegen, ob sie wirklich bereit sind bzw. sein können, ihr bisheriges Leben umzustellen und sich in erster Linie den Bedürfnissen des Kindes zu widmen.

Familiäre Zwänge

Die Gesellschaft bestimmt nicht nur die äußeren Voraussetzungen, sie gibt auch innere Maßstäbe, um nicht zu sagen Zwänge vor, die oft den Wunsch nach einem Kind mitbestimmen.

Ist ein kinderloses Paar trotz Überbevölkerung, trotz wirtschaftlicher und politisch-sozialer Probleme in den Augen vieler Leute nicht egoistisch und kinderfeindlich?

Liegen Eltern ihren verheirateten Kindern nicht oft in den Ohren, nach dem Motto »Na, hat sich noch kein Nachwuchs angemeldet«? Von »Frau zu Frau« lautet der Wink mit dem Zaunpfahl dann: »Kind, du wirst schon 30! Bist du nicht bald zu alt, um ein Kind zu kriegen?«

Ein Leben ohne Kinder, so die weit verbreitete Meinung, ist doch sinnlos.

Leider denken solche Traum-Großeltern nicht darüber nach, dass die bewusste Entscheidung, ohne eigene Kinder zu leben, sehr viel Liebe zu Kindern beinhalten kann. Die »Jungen« haben sich vielleicht sehr verantwortungsvoll mit dem Thema auseinander gesetzt.

In der Gesellschaft und damit auch der eigenen Familie gedeihen viele Vorurteile. Wir wachsen mit ihnen auf und verinnerlichen sie automatisch.

So kann die Befürchtung, andere würden sie womöglich für unfruchtbar oder zeugungsunfähig halten, auf manche Paare einen so starken inneren Zwang ausüben, dass es sich entschließt, die anderen vom Gegenteil zu überzeugen!

Gerade Männer stehen vielfach unter dem inneren Druck, ihre Potenz über ihre Zeugungsfähigkeit beweisen zu müssen. Wenn damit auch die Bereitschaft, diesem »lebenden Beweis« ein liebender Vater zu sein, verbunden ist, kann das für das Kind eine gute Ausgangsbasis sein.

Wenn es jedoch mit dem Potenzbeweis getan ist und alles andere »Frauensache« sein soll, sollten sich diese Männer andere Schauplätze für die Manifestation ihrer Männlichkeit suchen. Schließlich brauchen Kinder zu ihrer gesunden seelischen Entwicklung die innere Präsenz (nicht nur das Geld!) ihrer Väter.

Unter Präsenz meine ich nicht, dass Väter für ihre Kinder rund um die Uhr da sein müssen, doch sollten sie für die Sorgen und Bedürfnisse ihrer Kinder ein offenes und verständnisvolles Ohr haben und ihnen einen inneren und äußeren Platz im eigenen Leben schaffen, damit sie sich geborgen fühlen.

Es ist sicher richtig, dass auch heute noch trotz aller Gleichberechtigungsfortschritte in erster Linie die Männer – zumindest in den ersten Lebensjahren des Kindes – für die

20

finanzielle Grundlage der Familie Sorge tragen. Jedoch bedeutet es einen großen Unterschied, ob der Vater nur für seinen Beruf lebt und abends völlig erschöpft vor dem Fernseher sitzt oder ob er dank seiner Liebe zum Kind Reserven zur Verfügung stellt, um mit seinem Nachwuchs zu spielen und zu lachen oder Tränen zu trocknen.

Aber nicht nur Väter seien hier daran erinnert, dass Kinder ohne liebevolle Zuwendung »verhungern«, auch bei Müttern können sich hinter dem bewussten Wunsch nach einem Kind Motivationen verbergen, die ihnen von Anfang an eine offene Beziehung zu ihrem Kind erschweren, ohne dass sie die Blockaden bewusst erleben.

So wie Männer oft um den Beweis ihrer Potenz besorgt sind, reagieren Frauen auf die gesellschaftlichen Klischees mit einem zwanghaften Wunsch, ihre »Fruchtbarkeit« und damit ihre Weiblichkeit zu beweisen. Das Selbstgefühl der Frau ist oft mit dem Muttersein verknüpft.

Wenn Sie sich als Mutter wirklich glücklich und zufrieden fühlen, haben Sie zweifellos eine wunderbare, bereichernde Entscheidung getroffen. Doch Ihr Selbstwertgefühl sollte nicht von einem Kind abhängen. Was tun Sie, wenn Sie nach der Geburt Ihres Kindes merken, dass Sie mit dem Muttersein eigentlich gar nichts anfangen können? Dass Sie zwar stolz sind, ein Kind geboren zu haben, sich aber in Ihrem Inneren keineswegs ausgefüllt fühlen?

Plötzlich sehnen Sie sich zurück in Ihren Beruf, in dem Sie erfolgreich und voller Anerkennung gearbeitet haben. Sie wissen aus vielen Zeitschriften und Büchern, dass Ihr Kind Ihre Aufmerksamkeit braucht. Sie bleiben zu Hause, werden aber zunehmend unzufriedener. Ihr Kind spürt das, es sehnt sich nach Ihrer Aufmerksamkeit, merkt aber gleichzeitig, dass Sie dabei nicht recht glücklich sind. So erlebt es, dass es Ihren eigentlichen Wünschen im Wege steht, und wird dadurch selbst unglücklich.

Es quängelt, nörgelt und weint vielleicht viel, wodurch Sie wiederum noch unzufriedener werden, denn Sie »opfern« doch schon Ihre Zeit für das Kind und es »dankt« es ihnen noch nicht einmal! Zu allem Übel halten Sie sich zusätzlich für eine schlechte und unfähige Mutter!

Neben den noch relativ gut nachvollziehbaren, bewussten Motivationen gibt es auch unbewusste, die Ihre Beziehung zu dem Kind von Anfang an prägen oder sogar belasten können. Unbewusste Wünsche und Ängste hängen immer mit der eigenen individuellen Geschichte zusammen und sind daher schwer zu verallgemeinern. Ich möchte Ihnen dennoch einige der »heimlichen« Motivationen nennen, die ich in meiner psychotherpeutischen Arbeit mit Eltern und Kindern häufig angetroffen habe.

Sehnsucht nach Liebe

So verbirgt sich beispielsweise die eigene Sehnsucht nach Zärtlichkeit und Geborgenheit oft hinter dem Wunsch nach einem Kind. Solange man sich diese Bedürfnisse nicht offen ein- und zugestehen kann, besteht die Gefahr, dass man, statt die Sehnsucht des Kindes nach Geborgenheit, Wärme und Körperkontakt zu befriedigen, es unbewusst zur eigenen Befriedigung benutzt. Viele Mütter fühlen sich dann trotz der Kinder einsam.

Meist haben sie selbst als Kind Mütter gehabt, die mit ihren Kindern aus unterschiedlichen Gründen überfordert waren, so dass sie – obschon selbst noch Kinder – Mutter für ihre Mutter sein sollten und – um deren Liebe kämpfend – scheinbar auch wollten. Dabei haben sie von früher Kindheit an das Gefühl der Überforderung erlebt.

Und ihr Wunsch ist verständlich, in der Wiederholung ihrer eigenen Geschichte den leeren Brunnen mit der Liebe

22

ihres Kindes zu füllen, statt ihn aus eigener Kraft aufzutanken, um dann aus einem vollen Brunnen schöpfen zu können. Ich werde später noch genauer auf dieses Problem eingehen.

Hinzu kommt, dass wir in einer Zeit leben, in der Gefühle immer weniger Bedeutung haben. Wir decken uns zu mit materiellen Gütern und mit Unterhaltung, bleiben aber mit unserer Sehnsucht nach emotionaler Wärme oft allein. Ist gegen diese innere Kälte nicht ein kleines Kind die Lösung? Die Versuchung ist groß, die Realität aber leider meist enttäuschend, sowohl für die Mütter als auch für die Kinder. Kinder sollten nicht zur Stillung unserer Bedürfnisse geplant werden. Sie brauchen unsere uneigennützige Liebe, unsere Wärme und unsere Kraft, um sie später an eigene Kinder und überhaupt an ihre Mitmenschen weitergeben zu können. Sicherlich geben uns Kinder viel an Liebe und Wärme zurück, jedoch nur dann, wenn sie beides zuerst einmal mit der Muttermilch aufsaugen konnten und selbst richtig »satt« geworden sind. Ein kleines, hilfloses Baby gibt der Mutter ein großes Gefühl von Wertigkeit, denn es ist ohne ihre äußere und innere Pflege lebensunfähig. Die Gefahr dabei ist jedoch, dass das Baby vornehmlich deshalb so geliebt wird.

Was geschieht mit diesen »Muttergefühlen«, wenn das Kind beginnt, eigene Bedürfnisse zu entwickeln?

Einige Antworten darauf werden Sie in dem Kapitel *Das Kind als emotionaler Brunnen der Liebe* (S. 131) finden.

Mit Sicherheit lieben solche Mütter ihre Kinder wirklich. Sie wären ehrlich entsetzt, wenn man dies bezweifeln würde. Diese Art der Liebe beinhaltet jedoch ein hohes Maß an Eigenliebe, zu deren Befriedigung das Kind missbraucht wird.

Um es noch einmal zu betonen: Hier ist die Rede von unbewussten Mechanismen, die jedem von uns mehr oder

23

weniger eigen sind. Wenn jemand bewusst den eigenen Egoismus am Kind auslebt – was leider auch oft genug geschieht –, ist der Fall anders gelagert. So traurig ein solches Verhalten auch ist, da es »greifbar« abläuft, kann das Kind oft selbst oder mit Hilfe anderer die »Schäden« besser verarbeiten, als mit der unbewussten, doch so liebevollen Selbstsucht der Mutter fertig zu werden.

Sehnsucht nach Schutz vor Partnerkonflikten

Eine weitere Motivation, die häufig in einem Kinderwunsch verpackt ist, ist der Wunsch, den Partner an sich zu binden. Von Frauen höre ich immer wieder, dass ihr Mann oder ihr Freund schon »häuslich« werden würde, wenn erst einmal ein Kind da wäre. Die männliche Variante lautet: »Wenn meine Frau (oder Freundin) erst mal Mutter ist, wird sie schon mehr zu Hause bleiben und sich ihre Karriereflausen aus dem Kopf streichen.«

Sicher verändern Schwangerschaft und Geburt unsere Einstellung, sicher reifen viele Menschen an diesem so elementaren Erlebnis. Was passiert jedoch, wenn der Partner sich nicht verändert?

Leider werden dann oft die Kinder und deren Verhalten für das Scheitern der Pläne verantwortlich und zum Sündenbock gemacht. Wir alle neigen dazu, uns selbst etwas vorzumachen. Die Schuld an irgendwelchen Missständen suchen wir oft zuerst bei anderen. Da bieten sich die Kinder an, denn sie können sich am wenigsten wehren und sind von uns Erwachsenen so abhängig, dass sie die ihnen zugewiesenen Rollen übernehmen.

Es scheint uns (vordergründig) weniger bedrohlich, den Grund für weitere oder sogar vermehrte Partnerkonflikte

24

den Kindern anzulasten, als uns mit uns selbst und unseren eigenen Ansprüchen, Wünschen und Enttäuschungen, auch Schwächen zu konfrontieren.

In meiner Praxis haben mir Eltern immer wieder beteuert, dass sie sich eigentlich sehr gut verstehen würden, aber leider wegen des Kindes ständig in Streit gerieten. In vielen Fällen verbirgt sich aber ein tiefer Partnerkonflikt hinter dem »Ärger mit dem Kind«, den sich beide nicht eingestehen wollen, da dies mit zu viel Angst vor neuen Streitigkeiten, eventuell sogar einer Trennung verbunden wäre.

In dem Kapitel *Wenn die Kinderseele weint* werde ich auf dieses Problem noch genauer eingehen.

Es ließen sich noch manch andere Motive aufzählen, die aus dem persönlichen Schicksal der Eltern verständlich werden. Horchen Sie einfach einmal in sich hinein, seien Sie mit sich selbst ehrlich, fragen Sie sich, welche Erwartungen und Hoffnungen Sie an Ihren Kinderwunsch geknüpft haben oder noch knüpfen.

Es geht nicht darum, keine eigennützigen Wünsche haben zu dürfen, sondern darum, sich diese bewusst zu machen. Wenn ich mir z.B. selbst eingestehe, dass ich mir Geborgenheit und Wärme von meinem Baby wünsche und sie ihm deshalb nicht selbstlos geben kann, verstehe ich vielleicht auch, warum es so viel schreit. Es besteht dann die Chance, sich mit den eigenen Wünschen auseinander zu setzen und nach anderen Wegen zu suchen, Wege, die dem Kind und der Mutter gerecht werden.

Solange ich mir aber etwas vormache, mich selbst mit meinen Schattenseiten nicht genau anzuschauen bereit bin, werde ich die Reaktion meines Kindes nicht verstehen und weder dem Kind noch mir helfen können.

Wünsche und Erwartungen an das geborene Kind

Sie haben sich lange mit Ihren Gefühlen bezüglich Ihres Kinderwunsches beschäftigt. Sie haben Ihr inneres Für und Wider geprüft und haben sich für ein Kind, Ihr Kind entschieden. Sie freuen sich darauf, es zu beschützen, zu bemuttern, zu umsorgen und viel, viel Freude mit ihm zu haben.

Vor und erst recht während der Schwangerschaft machen Sie sich als werdende Eltern sicher auch Gedanken darüber, wie Ihr Kind mal werden soll und wie Sie sich Ihr Zusammenleben zu dritt vorstellen. Dabei kann man der eigenen Phantasie freien Lauf lassen.

So wie ich oder gerade nicht so wie ich?

Wünschen Sie sich ein Ebenbild oder eher das Gegenteil?

Wollen Sie ein intellektuelles Kind, oder soll es eher praktisch veranlagt sein?

Wünschen Sie sich eine Sportskanone oder lieber einen Bücherwurm?

Sollte Ihre Tochter bildhübsch, voller Charme, eben etwas ganz Besonderes werden oder doch lieber ganz durchschnittlich, weil das Herausragen aus der Masse in Ihren Augen vielleicht zu viele Gefahren in sich birgt?

All diese Phantasien haben mit uns selbst zu tun. Es gibt keine Vorstellungen oder Erwartungen, die nicht einen Bezug zu unserem eigenen Leben hätten. Sind Sie bisher mit Ihrem Leben und dem, was Sie geleistet haben, zufrieden, so werden Sie bezüglich Ihres Kindes eher ähnliche Erwartungen und Hoffnungen haben. Sind Sie dagegen enttäuscht worden oder mit sich und dem, was Sie erreicht haben, unzufrieden, werden Sie vielleicht hoffen: »Mein Kind soll es mal besser haben als ich.«

Sind Sie vielleicht in Ihrer Kindheit sehr schüchtern gewesen und haben darunter gelitten, sind deswegen sogar gehänselt worden? Dann werden Sie sich Ihr Kind mutig und selbstsicher vorstellen, um ihm Ähnliches zu ersparen. Haben Sie als Kind unter vielen Ängsten gelitten? Dann stellen Sie sich verständlicherweise vor, dass Ihr Kind angstfrei durch die Welt gehen soll.

Unsere Kinder sollen es ebenso gut oder besser haben wie wir. Vieles von dem, was wir an uns selber nicht mögen, sollen sie möglichst gar nicht erst entwickeln.

Dies sind Wünsche, die Realität sieht oft ganz anders aus. Wie oft sind gerade Kinder von Lehrern schlecht in der Schule? Wieso werden Kinder von berühmten oder besonders tüchtigen Vätern häufig weder berühmt noch tüchtig? Auch Kinder aus so genannten »guten« und sozial wohl situierten Elternhäusern rutschen häufig in die Sucht, teilweise sogar in die Kriminalität ab. Wie oft hört man: »Bei diesem Elternhaus hätten wir das nie erwartet!«

Die größte Gefahr liegt unter anderem häufig darin, dass die Erwartungen und Vorstellungen der Eltern zu einseitig, zu hoch, zu ichbezogen sind. Es ist verständlich, wenn von Kindern aus einer Lehrerfamilie erwartet wird, einen guten Schulabschluss zu machen. Es ist ebenso verständlich, dass von Kindern aus sozial gut situierten und gebildeten Elternhäusern erwartet wird, dass sie eine gute Bildung erwerben und Wohlstand erwerben. Es ist vielleicht auch verständlich, dass eine Spitzensportlerin oder ein Spitzensportler von dem eigenen Kind erwartet, sehr sportlich zu werden. Es macht jedoch einen großen Unterschied, ob es sich um Wünsche,

27

Erwartungen oder Forderungen handelt. Ein Unterschied, der krasse Auswirkungen haben kann.

»Ich weiß, was für mein Kind gut ist«

Wenn bei sehr erfolgreichen Eltern die Entwicklungsmöglichkeiten des Kindes durch zu hohe Erwartungen sehr eingeengt sind, besteht die Gefahr, dass weniger erwartete Fähigkeiten übersehen werden.

So ist die Tochter einer sehr guten Schlittschuhläuferin vielleicht musikalisch begabt oder der Sohn eines guten Musikers entwickelt vor allem sportliche Talente und Interessen. Diese Talente werden aber manchmal von den Eltern zu wenig gefördert, da sie Begabung mit ihren eigenen Fähigkeiten gleichsetzen.

Wenn Sie als Eltern Ihre Begabungen und Interessen mit ehrlicher Begeisterung leben, ist gut möglich, dass Ihre Kinder diese Begeisterung übernehmen, wenn Sie ihnen den Raum und die innere Freiheit der Wahl lassen!

Sobald Sie jedoch einen zu hohen Druck – er wirkt unausgesprochen mindestens so stark – auf Ihr Kind ausüben, kann es passieren, dass es sich gegen den Druck wehrt (eine durchaus gesunde Reaktion) und damit auch nicht Ihre Begeisterung teilt.

Zu hohe Erwartungen

Oft halten Kinder das Vorbild ihrer Eltern auch für unerreichbar. Denken Sie an die Fabel *Vom Fuchs und den Trauben*, in der der Fuchs die Trauben als zu sauer ablehnt, weil sie ihm zu hoch hängen und er sie nicht erreichen kann.

28

Zu viel Erfolg und Tüchtigkeit der Eltern können deprimieren und entmutigen, und aus Angst vor einer Niederlage lehnt das Kind lieber das »Angebot« bzw. den Kampf von vornherein ab.

Etwas Ähnliches kann bei Geschwistern ablaufen, wenn ein Kind dem anderen stets als Musterkind vorgehalten wird. Dadurch entsteht für beide Kinder Druck: sowohl für das Kind, das als Vorbild sich kein Versagen leisten kann, als auch für das »ewige zweite« Kind. Oft verweigern sich die Kinder dann völlig. Im Grunde zu Recht, denn der ständige Vergleich engt den Blick der Eltern auf andere und durchaus gleichwertige Veranlagungen und Begabungen zu sehr ein.

Ein weiterer Aspekt beim Thema »Erwartungen« ist mir in meiner Arbeit bei den so genannten »Versagern« aufgefallen: Eltern verbringen manchmal in den Augen ihrer Kinder zu viel Zeit mit ihrer »Tüchtigkeit«, sei es auf dem Sportplatz, im Büro oder auf Geschäftsreisen. Manche Kinder reagieren darauf mit »Verweigerung«, weil sie ihren Ärger und ihren Schmerz über den ständigen Zeit- und damit Liebesentzug der Eltern nicht anders ausdrücken können.

Die Erfüllung misslungener eigener Wünsche

Ein Grund für Ihre Enttäuschung mag auch einfach darin liegen, dass die Schere zwischen Ihren Erwartungen an die Kinder und Ihrem eigenen Tun bzw. Ihren Möglichkeiten zu weit auseinander klafft.

Wie schon erwähnt, erwarten wir von unseren Kindern, dass sie genau das erreichen, was wir selber in unserem Leben nicht erreicht haben. Sie sollen tüchtiger, erfolgreicher, glücklicher werden. Sie sollen unsere geheimen Wünsche erfüllen, damit wenigstens sie vollbringen, was wir für uns selbst erträumt haben.

Manche Eltern sind von der ungelebten Wunschseite so besessen, dass ihnen der Blick für die Realität ihres Kindes versperrt ist. Dann werden z.b. auch intellektuell weniger begabte Kinder aufs Gymnasium gezwungen, mit Nachhilfeunterricht überhäuft, in ihrer Freizeit beschnitten, damit sie um jeden Preis das ersehnte Ziel vollbringen.

Je mehr wir innerlich auf diese Sehnsucht fixiert sind, desto blinder sind wir für die realen Fähigkeiten unserer Kinder und auch für deren gesunden Protest.

Kinder werden dann in die Schlittschuhe der Eltern gezwungen oder buchstäblich zum Klavierunterricht geprügelt. Und das alles angeblich ihnen zuliebe, in Wirklichkeit aber uns selber zuliebe.

»Später wird er mir mal dankbar sein!«, habe ich oft von Eltern verzweifelter Kinder gehört. Sicher sollten Eltern ihre Kinder hin und wieder mit Klarheit und auch Strenge zu Dingen anhalten, die für ihren weiteren Lebensweg wichtig sind, jedoch sollte der Blick frei bleiben für die Persönlichkeit des Kindes. Sie sollten sensibel und offen sein für Verletzungen, die sie möglicherweise durch ihr Handeln und ihre eigenen Träume ihrem Kind zufügen.

Träume sind etwas Wunderbares, aber wir sollten versuchen, sie selbst zu verwirklichen. Versuchen Sie das, wovon Sie immer geträumt haben, in sich selber zu suchen.

Wir sollten unseren eigenen geheimen Quellen auf den Grund gehen, statt das Vermisste krampfhaft in unsere Kinder zu projizieren.

Manchmal kann es der eigenen seelischen Gesundheit gut tun, um Verlorenes oder Verpasstes zu trauern und dadurch innerlich Abschied davon zu nehmen. Hierdurch wird die Seele frei für eigene Möglichkeiten, für all das, was Sie haben und können. Anstatt immer mit letzter Kraft und hängender

Zunge dem verpassten Zug hinterherzutrauern, können Sie innehalten und Sie werden entdecken, dass es für Sie noch viele andere Züge gibt, in die Sie gemütlich einsteigen können. Sie können sich dann vermutlich auch eher an den Fähigkeiten, Begabungen und Taten Ihrer Kinder freuen. Wussten Sie, dass wir stets das bekommen, was wir los- und freilassen können? Ich weiß sehr wohl, wie schwer es ist, danach zu leben. Aber bezüglich der Erwartungen an Ihre Kinder trifft dieser kluge Satz besonders zu.

Sie dürfen und können sich die Erfüllung all Ihrer Träume von Ihren Kindern wünschen, nur sollten Sie nicht daran festhalten und Sie sollten nach Möglichkeiten suchen, auch ohne die Erfüllung dieser Wünsche glücklich zu werden. Dann kommen Sie Ihren Träumen, auf jeden Fall aber Ihrem Glück ein ganzes, oft überraschendes Stück näher.

Ideal und Wirklichkeit

Die Enttäuschung, das Erwachen aus rosaroten Träumen kann auch viel früher, ja schon direkt nach der Geburt des Kindes unser Leben – und damit leider auch das unseres Kindes – durcheinander bringen.

Vielleicht haben Sie gehofft, nach den Anstrengungen der Geburt selig Ihr Kind in den Armen zu halten. Das ist auch meistens der Fall, aber bei vielen Müttern will sich das erwartete innere Glück nicht einstellen. Sie fühlen sich erschöpft, das Wesen in ihren Armen kommt ihnen so fremd vor, sie bekommen plötzlich Angst vor der großen Verantwortung und können gar nicht klangvoll in den Chor des seligen Mutterglückes um sie herum einstimmen. Sie fühlen sich miserabel, meinen prompt, sie seien schlechte Mütter, und beginnen bereits jetzt, sich schuldig zu fühlen.

Vielleicht haben oder hatten Sie das Glück, eine verständnisvolle Mutter, Schwiegermutter, Krankenschwester oder Freundin zu haben, die Ihnen erklärt hat, dass Ihre Gefühle ganz normal, gar nicht tragisch sind.

Wenn nicht, fühlen Sie sich wahrscheinlich mit Ihrer Unsicherheit sehr allein und trauen sich nicht – vielleicht wegen des schlechten Gewissens – mit Ihrem Mann darüber zu sprechen. So manche Frau versinkt nach der Geburt in eine Depression.

Es ist nicht leicht für einen Mann, sich in das Erleben der Frau einzufühlen. Und wenn sie sich in einer solchen Situation auch noch von dem Vater des Kindes im Stich oder allein gelassen fühlt, ist der Start für Mutter wie Kind erschwert.

Ich kann Ihnen versichern, dass Sie mit all Ihrer Unsicherheit, mit Ihren Gefühlen von Fremdheit und auch Angst völlig normal sind, dass Sie eine ebenso gute, vielleicht sogar bessere Mutter werden als manch andere Frau, die sich solche Gefühle nicht eingesteht, aus Angst, sich mit sich selbst auseinander setzen zu müssen.

Zu einer großen Enttäuschung kommt es häufig in der Partnerschaft. Ich habe schon angedeutet, dass junge Mütter sich manchmal mit ihrem Kind von den Vätern im Stich gelassen fühlen.

Sei es, dass der Mann erst einmal gar nichts mit dem Baby anzufangen weiß, sei es, dass er sich gar nicht so richtig freut, sondern eher an die vielen Kosten und die wenige Freizeit denkt, sei es, dass er Angst vor der neuen Verantwortung spürt. Bedenken Sie immer, dass er nicht wie Sie die letzten neun Monate mit dem kleinen Wesen zusammengewachsen ist.

Der junge Vater steht vielleicht nachts nicht auf, wenn das Kind schreit, sondern versteckt sich hinter seinen beruflichen Pflichten. Sie fühlen sich als junge Mutter überfor-

32

dert, allein gelassen, haben Sie doch von Ihrem Mann Sicherheit und Geborgenheit erwartet. Sie können in Ihrer eigenen Hilflosigkeit nicht verstehen, dass sich Ihr Mann wahrscheinlich genauso überfordert fühlt wie Sie und eine ähnliche Angst vor der Verantwortung hat wie Sie, eventuell auch eifersüchtig ist, weil Sie sich »nur noch«(!) um Ihr Baby kümmern und gar nicht mehr so aufmerksam und interessiert an seinen Sorgen teilhaben. Es gibt Spannungen, vielleicht auch Krach und Auseinandersetzungen, die bei Ihnen beiden die Enttäuschung noch vergrößern.

In solchen Situationen kann es schon vorkommen, dass Sie Ihre Entscheidung für ein Kind bereuen. Das wäre als spontane Reaktion gar nicht so tragisch. Aber prompt bekommen Sie wieder Schuldgefühle, weil Sie ja rational sehr wohl wissen, dass das Baby an dem Dilemma schuldlos ist. Nur emotional geben Sie ihm eben doch die Schuld, denn vorher war ja alles viel leichter.

So kann ein Teufelskreis beginnen, aus dem herauszufinden sehr schwer ist. Denn natürlich reagiert Ihr Baby auf Ihre inneren Spannungen. Es spürt sie, auch wenn Sie sich bemühen, alles »richtig« zu machen. Ihm fehlt Ihre spontane Freude, Ihre Ausgeglichenheit, und es reagiert wahrscheinlich mit häufigem Schreien und Weinen.

Wie oft erlebe ich, dass Mütter erleichtert durchatmen, wenn sie hören, dass ihre zwiespältigen Gefühle »völlig normal« sind, weil eine Elternschaft nun mal eine der schönsten, aber auch größten Herausforderungen im Leben ist.

Denken Sie einmal daran, wie viel Zeit Sie in Schule und Ausbildung investiert haben, um die nötigen Kenntnisse für Ihren Beruf zu erwerben.

Für die berufliche Arbeit werden wir geschult und gefördert, das Private, Seelische soll im »Selbstkurs« erlernt werden.

Für das Elternsein bzw. für das Gelingen einer Partnerschaft – und beides darf nicht vernachlässigt werden – hat man allenfalls romantische Liebesgeschichten aus Film, Büchern und Fernsehen zum Vorbild, die meist mit der Heirat, leidenschaftlichen Umarmungen oder der Geburt eines Kindes enden. Auf den Alltag sind wir damit nicht vorbereitet.

Wer Glück hat, kann auf eine gute Beziehung der Eltern zueinander und auf eine schöne Kindheit zurückgreifen, meist wird jedoch die eigene Jugend verklärt, die »Anfangsschwierigkeiten« der Eltern sind längst vergessen.

Während Ihres Klinikaufenthaltes wurde Ihnen noch erklärt, wie Sie Ihr Kind stillen und wickeln können. Mit Ihrer Unsicherheit bezüglich Ihrer Beziehung zu sich als Mutter, dem Kind und dem Partner als Vater werden Sie jedoch ziemlich allein gelassen.

Ich kann Ihnen fürs Erste nur raten: Betrachten Sie all diese Sorgen und ambivalenten Gefühle als ganz normale Begleiterscheinungen, dann finden Sie viel eher wieder zu Mut und Zuversicht zurück. Sie werden Lösungen finden und sehen, dass Ihr Partner Sie noch liebt und nur momentan überfordert ist. Und vor allem: Haben Sie ein wenig Zutrauen zu sich und Ihrem Partner! Sie werden sicher liebevolle und gute Eltern werden, auch wenn Sie sich Ihre innere Beziehung zu Ihrem Kind erst »erarbeiten« müssen. Ihr Kind wird Ihnen dabei helfen, denn es reagiert wie ein ganz feiner Seismograph auf all Ihre Gefühle, auch auf die, die Sie selber noch gar nicht spüren oder wahrhaben wollen.

Haben Sie auch den Mut, sich professionelle Hilfe zu holen, wenn Sie sich zu große Sorgen machen oder wenn Ihnen der Start in Ihr neues Leben zu schwer erscheint.

Sie werden dort keine Vorwürfe, sondern Verständnis und Hilfe finden. Bei einem technischen Problem Ihres Autos würden Sie doch auch den Fachmann befragen.

34

Allgemeine Erziehungsvorstellungen

»Wie sag ich's meinem Kind?«

Sie haben die anfänglichen Schwierigkeiten gerade gemeistert und fragen sich – aufs Neue verunsichert: »Wie soll ich denn nun mein Kind richtig erziehen?«

Eins ist klar: Der so genannte autoritäre Erziehungsstil, bei dem in der Vergangenheit das Kind vor allem Gehorsam zu lernen hatte und bei Verfehlungen streng bestraft worden ist, wird heute abgelehnt, da man erkannt hat, dass Angst und Gewalt gerade auch bei Kindern wiederum Angst und Gewalt erzeugen. Kinder, die sich strenger Autorität und gewaltsamer Überlegenheit der Erwachsenen beugen müssen, verhalten sich nach außen hin brav, rebellieren aber innerlich und warten nur auf den Tag, an dem sie erwachsen und körperlich stark genug sind, um ebenfalls Gewalt auszuüben oder ihrerseits ihren Frust an Schwächeren und Unterlegenen auszulassen.

Andere verhalten sich auch als Erwachsene noch untertänig, ängstlich und angepasst. In der Seele gebrochen unterwirft sich der Mensch auch als Erwachsener den Wünschen anderer oder wird ernsthaft krank.

Gerade in Deutschland haben wir erfahren, wie Menschen, zu Unterwürfigkeit und Gehorsam erzogen, leicht jeder politischen, fanatisch-ideologischen Willkür dienen. In autoritären Staatsformen war und ist dieser Erziehungsstil stets gefragt, da eigenständige Individuen weniger geneigt sind, sich unterzuordnen, gehorsame Soldaten dagegen schon eher.

35

Soll man sich deswegen von den Kindern alles gefallen lassen?

Die antiautoritäre Welle, nach der Eltern ihren Kindern keine Grenzen setzen und keine Vorschriften mehr machen durften oder wollten, weil man sie nicht zu Duckmäusern erziehen und ihre Kreativität nicht einengen wollte, haben wir ebenso weitgehend hinter uns. Die Erfahrung hat uns gelehrt, dass klare Grenzen den Kindern Orientierung und Schutz geben, beides benötigen sie dringend, um mit ihren konfusen Gefühlen von Liebe und Hass, von Angst und Zerstörung umgehen zu lernen und sie auf eine von der Gesellschaft akzeptierten Weise zu steuern. Verbote und Gebote dienen ihnen dabei als Rahmen, innerhalb dessen sie sich entwickeln können, ohne Angst haben zu müssen, von ihren zerstörerischen Gefühlen überflutet zu werden.

Weder der autoritäre noch der antiautoritäre Erziehungsstil ist also richtig. Übrig bleiben die Hilflosigkeit und der Wunsch, das »Richtige« zu tun.

»Ideale« Erziehung nach Buch?

In Ihrer Ratlosigkeit suchen Sie vielleicht Orientierung in »Ratgebern«. Der Büchermarkt ist voll von Büchern, in denen Ihnen genau gesagt wird, wie Ihr Kind zu sein hat, was es zu welchem Zeitpunkt können sollte und was nicht. Als Anregung können diese Bücher durchaus eine Hilfe sein.

Ich habe allerdings immer wieder von Eltern gehört, dass sie sich durch diese Ratschläge und Anleitungen völlig überfordert fühlten und noch mehr Druck und Unsicherheit entstanden waren, weil sie diesen idealen Erziehungsvorstellungen nicht gerecht werden konnten.

Wer kann schon immer geduldig und aufmerksam gegenüber seinen Kindern sein? Wem gehen nicht hin und wieder

36

die Nerven durch? Wer ertappt sich nicht ständig dabei, wieder etwas »falsch« gemacht zu haben, was – spätestens nach der Lektüre eines solchen »Ratgebers« – zu Schuldgefühlen führt und am Selbstwertgefühl als »gute« Eltern nagt. Viele Mütter befürchten, dass ihr Kind unnormal sei, weil es mit zwölf Monaten noch nicht laufen will. Andere suchen Rat, weil ihr Kind mit fünf Jahren noch gar kein Interesse an Zahlen hat, und sorgen sich, dass ihr Kind nicht schulreif werden könne.

So rief mich einmal eine junge Mutter an, um ihr Kind zu einem Intelligenztest anzumelden. Als ich nach dem Alter des Kindes fragte, hörte ich mit großer Verwunderung, dass das Kind fünf Jahre alt sei, die Mutter sich aber Sorgen mache, ob ihr Sohn auch intelligent genug sei, um das Abitur zu schaffen!

Mütter fragen sich, ob und wann sie in ihren geliebten Beruf zurückkehren können, ohne ihrem Kind zu schaden. Andere Mütter müssen berufstätig sein, um den Lebensunterhalt zu verdienen, und plagen sich mit Schuldgefühlen, weil sie gelesen oder gehört haben, dass ihr kleines Kind einen seelischen Knax bekommt, wenn es in die Krabbelkiste »abgeschoben« wird.

Viele Väter meinen, in der Familie zu versagen, weil sie ihre berufliche Karriere nicht vernachlässigen wollen oder nicht können. Der Ratgeber fragt nicht nach individuellen Verhältnissen.

Viele Väter leiden auch darunter, dass ihre Kinder eine enge Bindung an ihre Mutter entwickelt haben. Sie fühlen sich überflüssig oder ausgeschlossen. Da sie nirgendwo lernen oder wenigstens erleben konnten, wie mit diesem Problem umzugehen ist, leugnen sie ihre Eifersucht und machen sich stattdessen »wichtig«, indem sie an ihren Kindern herumkritisieren und sich vor der Frau als »Besserwisser« aufführen.

Noch weniger als wir Frauen konnten Männer lernen, Väter zu sein. Sie haben am Vorbild ihrer eigenen Väter gelernt, dass sie die Familie ernähren und ab und zu ein Machtwort sprechen müssen. Nicht gerade hilfreich im direkten Umgang mit den eigenen Kindern! Väter werden heute mit großen Erwartungen konfrontiert, aber es gibt für sie keine »Fortbildungen«.

Viele Eltern halten an einer zerrütteten, zerstrittenen Ehe fest, weil sie gelesen und gehört haben, dass Kinder aus geschiedenen Ehen ganz besonders belastet sind. Beide Eltern sind unglücklich und gereizt. Die Folge ist, dass sie mehr schimpfen und schreien, als sie wollen, und dass sie Schuldgefühle ihren Kindern gegenüber entwickeln, was die Belastung noch erhöht und den Teufelskreis verstärkt.

Auf all diese Fragen geben schlaue »Ratgeber« keine Antworten. Es gibt auch keine Patentrezepte. Antworten und Lösungen können Mann und Frau nur bei sich selbst und im Gespräch miteinander finden, denn »Ratgeber« fragen nicht nach Gefühlen!

Unsicherheit ist keine Schande!

Viele Eltern gestehen sich diese Schwierigkeiten nicht ein, weil sie keinen Ausweg wissen.

Hilfe zu suchen ist nämlich leider in unserer erfolgsorientierten Gesellschaft in den Augen vieler eine Schande. Dabei denke ich noch gar nicht mal an die Hilfe eines Psychologen – schon allein das Eingeständnis momentaner Hilflosigkeit gegenüber Nachbarn, Verwandten oder Bekannten wird oft als »Versagen« vermerkt und mit Arroganz und Unverständnis quittiert.

Besonders ärgerlich sind Zeitgenossen, die meinen, den Hilfesuchenden kluge Ratschläge aus ihrem eigenen

38

»Schatzkästchen« geben zu müssen. Die eigenen Kinder sind natürlich bestens entwickelt, verhalten sich nur vorbildlich und sind völlig problemlos. Dabei werden Sie selbst immer blasser, kommen sich immer kleiner und wertloser vor und behalten beim nächsten Mal Ihre Sorgen lieber für sich oder nehmen dasselbe für sich in Anspruch, indem Sie nun auch behaupten: »Meine Kinder machen keinerlei Probleme!«

Leider haben wir alle solche Wertvorstellungen mehr oder weniger verinnerlicht, so dass wir ähnlich wie beschrieben reagieren.

Oft suchen Not leidende Eltern und auch Kinder oder Jugendliche erst einmal Hilfe bei den Lehrern. In den meisten Fällen sind Lehrer sehr aufgeschlossen, leider aber – wie ich aus meiner eigenen Erfahrung als ehemalige Lehrerin weiß – hoffnungslos überfordert. Zum einen fehlt es ihnen an psychologischem Fachwissen, denn im Studium werden Lehrer, besonders für das Lehramt an höheren Schulen, zwar mit Sachwissen zugeschüttet, über Kindererziehung meint man dagegen die zukünftigen Lehrer in einem pädagogischen Pflichtseminar aufklären zu können! Abgesehen davon hat ein Lehrer in einer Schulklasse mit mehr als 25 oder 30 Schulkindern kaum die Möglichkeit, auf individuelle Sorgen einzugehen.

So werden die Probleme von einem zum anderen geschoben: Lehrer machen das Elternhaus verantwortlich, Väter die Mütter und Mütter schließlich ihre Kinder.

Leider ist der Gang zum Kinderpsychologen heute immer noch mit Vorurteilen belegt. Sowohl Kinder als auch Eltern schämen sich.

Wenn wir uns klarmachen, wie schwer es immer noch zu sein scheint, professionelle Hilfe für unsere Kinder zu suchen, können Sie sich sicher auch vorstellen, wie sehr Kinderseelen erst leiden müssen, bevor die Eltern den »schambesetzten« Schritt tun und zum »Kinderseelenarzt« gehen.

Beziehung statt Erziehung

Was soll das bedeuten?

as Schwierige bei der Erziehung ist meines Erachtens, dass sie nicht machbar ist wie irgendeine Arbeit.

Erziehung, wie ich sie verstehe, hat etwas mit Beziehung zu tun. Es gibt keine engere und innigere Beziehung als die zwischen Kindern und Eltern. Sie ist deshalb so einmalig und prägend, weil man nur als Kind diese totale Abhängigkeit, dieses Ausgeliefertsein erlebt. Menschenkinder werden lebensunfähig geboren und sind zunächst völlig auf die liebevolle Beziehung zu ihren Eltern oder Bezugspersonen angewiesen.

Wussten Sie, dass Babys, die nur äußerlich mit dem Wesentlichen versorgt werden – also lediglich gesäubert und gefüttert werden –, sterben können?

Die Beziehung zwischen Kind und Mutter beginnt schon während der Schwangerschaft und wird bei der Geburt greifbar. Erziehung ist keine Einbahnstraße, Erziehung ist immer ein Hin und Her, ein Fragen und Antworten, ein Miteinander-Schwingen. Erziehung gleicht einem Tanz, bei dem jeder auf den Rhythmus des anderen lauschen und den eigenen Rhythmus mit dem des Partners abstimmen sollte. Man muss also genauso intensiv auf die eigenen Tanzschritte, auf die innere Bewegung achten wie auf die des anderen.

Das ist eben das besonders Schwierige! Wenn ich mit mir selbst im Einklang bin, meine »Bewegungen« genauso wahrnehme wie die des anderen, kann es zu einem harmonischen Tanz kommen.

40

Wenn ich dagegen erwarte, dass mein Partner sich völlig nach meinen Schritten richtet, verlange ich, dass er seinen eigenen Rhythmus aufgibt. Wenn unser Partner sich auf diese Forderung tatsächlich einlässt, wird er im Laufe der Zeit gar nicht mehr wissen, welchen Rhythmus er selbst hatte oder haben wollte. Er wird verlernen, auf sich zu horchen. Auf das Gefühlsleben übertragen heißt das, dass diese Menschen aufgehört haben, ihre inneren Gefühle zu spüren, sie richten sich ausschließlich nach dem Willen ihrer Mitmenschen.

Und gerade Kinder sind besonders bedroht, da sie vorwiegend auf der Gefühlsebene leben. Sie zeigen klar, was sie empfinden, sind mit ihren Gefühlen aufrichtig, ohne Maske. Machen sie jedoch die Erfahrung, dass ihre Gefühle nicht akzeptiert oder dass sie sogar wegen ihrer Gefühle lächerlich gemacht werden, müssen sie sich schützen.

In meinem Therapiezimmer bauen sie dann hohe Burgen mit dicken, undurchdringlichen Mauern ohne Zugänge.

Einbahnstraßen

Besonders Frauen bzw. Mädchen haben meist gelernt, sich dem Rhythmus, das heißt den Wünschen und Bedürfnissen anderer anzupassen und die eigenen Bedürfnisse zu vernachlässigen. Dadurch werden Beziehungen zu Einbahnstraßen. Es findet kein wirkliches Miteinander, höchstens ein Nebeneinander statt, meist ein »Oben-Unten«. Der eine gibt den Ton an – der andere passt sich an.

Als Mütter sind solche Frauen dann auch in erster Linie darauf bedacht, alles »richtig« und es allen recht zu machen, sie wollen alles tun, um keinen Fehler in der Erziehung zu begehen, keine Missstimmung aufkommen zu lassen.

Den Ton geben der Mann, die Gesellschaft, oft auch Erziehungs-Ratgeber an. Aber was heißt schon »richtig«? In einer Beziehung gibt es kein »Richtig« oder »Falsch«, sondern nur die Gefühle des einen und die des anderen.

Wenn Sie sich in der Beziehung zu Ihrem Kind mehr daran orientieren, was »man« von Ihnen verlangt oder was Ihrer Meinung nach von Ihnen erwartet wird, kann das bedeuten, dass das Kind in seiner Mutter kein lebendiges Gegenüber spürt, sondern eine fremdbestimmte Institution. »Was die anderen Leute wohl denken«, wird zum zentralen Satz der Er(Be-)ziehung.

Das Kind hat dann keine lebendige Beziehung zur Mutter, sondern zu abstrakten Werten, richtet sich notgedrungen nach dem, was »man« tut oder nicht. Es sehnt sich aber nach einer Mutter, die es als lebendige Person spüren kann, das heißt eine, die sich freut, die sich ärgert, die mal geduldig ist, mal genervt, mal gut gelaunt, mal traurig, die selbst eine breite Palette an unterschiedlichen Gefühlen zur Verfügung hat und mit ihrem Inneren im Einklang ist. Eine solche Mutter kann auch die wechselnden Stimmungen eines Kindes – schon als Baby – mit der eigenen vielfältigen inneren Resonanz beantworten. Sie bekommt keine Angst vor der unkontrollierten Lebendigkeit und Direktheit ihres Kindes und gibt ihm die Freiheit, eine eigene Persönlichkeit zu entwickeln.

Das Baby erlebt den Reichtum seiner differenten und schnell wechselnden Gefühle im Spiegel der Mutter, die über ihren eigenen Schatz an unterschiedlichsten Gefühlen verfügt. Wenn sie jedoch – wie oben beschrieben – innerlich an Ketten gebunden ist, dann werden die vielfältigen Gefühle des kleinen Kindes der Mutter eventuell Angst machen. Sie wird automatisch versuchen, sie zu unterdrücken, um nicht über das Kind mit der eigenen inneren Zwangsweste konfrontiert zu werden. Folgende Geschichte halte ich in diesem Zusammenhang für symptomatisch:

Der fünfjährige, schwer stotternde Andi spielt in seinen Therapiestunden mit mir und seiner Mutter gemeinsam *Mensch ärgere dich nicht*. (Die Mutter nimmt an den Sitzungen mit dem Kind teil, da Andi noch zu viel Angst hat, sich von ihr zu trennen.)

Bei dem Spiel, dessen Name ja schon Auskunft gibt über einen inneren Konflikt, nämlich keinen Ärger zu zeigen, verhalten sich sowohl die Mutter als auch Andi wie erstarrte Marionetten. An beiden ist keinerlei Gefühlsregung in der Mimik oder Gestik ablesbar, gesprochen wird kein Wort!

Die Mutter sorgt allerdings dafür, dass Andi sich nicht zu sehr ärgern muss, indem sie ihn schont und nicht »hinauswirft«. Ich versuche, das Spiel lebendig zu spielen und meine Gefühle – sei es Freude, Ärger oder Revanche – deutlich zum Ausdruck zu bringen. Andis Mutter reagiert darauf verletzend, sie rügt mich oder macht mich lächerlich.

Sie sagt z.B. zu mir: »Wie kann man solch ein dummes Spiel nur so ernst nehmen!« Oder: »Sie führen sich ja hier auf, als ob es um Leben oder Tod ginge!«

Gleichzeitig verbündet sie sich mit Andi, beide helfen einander, um mich hinauszuwerfen. Auch das geschieht rein »sachlich«, nach wie vor zeigt keiner von beiden irgendeine Spur von Veränderung in der Mimik. Ich versuche, mich nicht durch die persönlichen Angriffe beirren zu lassen, und spiele weiterhin voller Emotionen gegen meine zwei Gegner.

In den nächsten Therapiestunden holt Andi sofort dasselbe Spiel aus dem Schrank. Die Mutter bemerkt: »Mal sehen, ob Frau Romberg heute wieder so ausflippt!«

Als ich beginne, der Mutter das eigene Verhalten mit der Frage, wie es ihr denn als Kind mit ihren »ausgeflippten« Gefühlen gegangen sei, vor Augen zu führen, hellt sich Andis Gesicht deutlich auf. Er sagt zu mir: »Du sollst so weiterspielen und auch so weiterreden!«

Andi zeigt sich richtig erleichtert, als er merkt, dass ich mich mit der inneren Erstarrung seiner Mutter beschäftige. Außerdem gibt er mir diesmal zu verstehen, dass ihm meine Lebendigkeit gefällt.

Im Vergleich zu ihm, dem kleinen fünfjährigen Buben, konnte ich das abwertende Verhalten seiner Mutter auch viel besser verstehen und verarbeiten. Obwohl selbst ich kurz schlucken musste, spürte ich, wie schlimm es in dieser Familie war, spontane Gefühle zu zeigen, es war »wie Leben und Tod«.

Andis Mutter hatte unbewusst ausgesprochen, was sie selbst als Kind erlebt hatte. Ihre eigene Mutter war früh gestorben. Damals hatte man ihr jegliche Gefühlsregung über den Verlust der Mutter verboten, auch durfte sie keinerlei Ärger oder Wut zeigen, sie wurde dafür wiederholt stundenlang in einem dunklen Keller eingeschlossen. Im Verlauf der Therapie konnte die Mutter ihre damals im dunklen Keller verloren gegangenen Gefühle zum Teil wieder beleben und auf diese Weise Parallelen zu ihrem eigenen Verhalten ihrem Kind und mir gegenüber ziehen. Langsam begann sich ihr Verhalten zu verändern, wurde weicher und lebendiger.

Andi hat sich inzwischen zu einem munteren und lebendigen Kind entwickelt, das seinen Gefühlen sowohl in Mimik und Gestik als auch verbal fließend Ausdruck verleihen kann.

Dieses Beispiel zeigt deutlich, dass wir, wenn wir aufgrund von Erlebnissen in unserer Kindheit in der eigenen Gefühlswelt verarmt oder erstarrt sind, unseren Kindern nur ein ähnliches Muster weitergeben können. Eine Veränderung kann also nur bei uns selbst beginnen.

Aber was ist mit denjenigen, die versuchen, den Ton anzugeben? Sie stehen mit ihren Problemen nur am anderen

Ende der Einbahnstraße. Im Bild des Tanzes glauben die Tänzer, nur die einzig »richtigen« Schritte zu kennen, die die anderen zu lernen haben. Es gibt nur eine Tanzform, nur eine ganz bestimmte Anordnung der Schritte. Es fehlt diesen Menschen die Fähigkeit, auch die Wünsche und Gefühle des anderen wahrzunehmen und sie als ebenso wertvoll anzusehen wie die eigenen. Wenn es bei diesem Tanz zu blauen Flecken kommt, wenn einer dem anderen auf die Füße tritt, dann wird für den tonangebenden Tänzer immer der andere »schuld« sein. Selbst bei einem perfekten Ablauf des »Paarlaufes« handelt es sich hier eigentlich nur um einen Solotanz mit Statisten oder Marionetten.

Auf die Beziehung zum Kind übertragen, bedeutet dies, dass viele Eltern »wissen«, wie der andere zu denken, zu fühlen und zu handeln hat. Es gibt nur eine Meinung, und sie ist die einzig richtige. Alles andere ist falsch und dumm. Meist sind es die Väter, die diese Rolle einnehmen, da sie selbst in ihrer Jugend entsprechend geprägt worden sind. Aber auch Frauen, gerade allein erziehende Mütter, beherrschen dieses jede wirkliche Beziehung abtötende Spiel.

Auch zu diesem Thema ein Beispiel aus meiner Praxis:

Ein neunjähriger Junge sitzt gemeinsam mit seinen Eltern und mir im Therapiezimmer. Der Vater beklagt, dass sein Sohn so faul sei, nicht mehr gehorche und ständig blöde Widerworte gebe. Er droht ihm an, dass er ihn im kommenden Schuljahr in ein Internat gebe, wenn sich sein Verhalten nicht bessere.

Der Junge antwortet: »Papa, das ist gemein, ich schicke dich auch nicht ins Altersheim, wenn du mich nervst.« Der Vater wird schneeweiß vor Wut und gibt dem Jungen eine so heftige Ohrfeige, dass er vom Stuhl kippt. Die Mutter springt auf, rennt zum Sohn und tröstet ihn.

Der Vater zur Mutter: »Kein Wunder, dass Martin nicht gehorcht, wenn du mir immer in den Rücken fällst.«

45

Darauf beginnt ein Streit zwischen den Eltern, bei dem jeder dem anderen dessen »falsches« Erziehungsverhalten vorwirft.

Der Sohn hat jedoch mit seiner Antwort im Grunde nur das Verhalten des Vaters wiedergespiegelt. Dieser war aber noch nicht bereit, die Antwort seines Sohnes als einen Hinweis auf sich selbst anzunehmen, er war lediglich empört über so viel Unverschämtheit und vertrat die (verbreitete) Meinung, dass Kindern grundsätzlich keine solche Antwort zustehe.

Als ich den Vater fragte, welche Form von Beziehung er sich denn zu seinem Sohn wünsche, sagte er voller Überzeugung: »Ich möchte für ihn eine Vertrauensperson sein; er soll mit seinen Anliegen nicht immer nur zu seiner Mutter gehen.« Die Ursache dafür sah er natürlich im Verhalten seiner Frau, die das Kind angeblich zu sehr verwöhnte.

Erst im Verlauf von mehreren Gesprächen konnte der Vater verstehen, dass sein eigenes Verhalten ein wirkliches Vertrauensverhältnis unmöglich machte. Er selbst hatte bei seinem eigenen Vater auch nichts anderes erlebt und daher keine innere Vorstellung davon, wie er sich hätte anders verhalten können, »ohne sich vor dem eigenen Sohn lächerlich zu machen«.

Die Angst, sich lächerlich zu machen, zum »Hampelmann« des Kindes zu werden, ist besonders bei Vätern und auch Lehrern(!) sehr verbreitet.

Dabei habe ich immer wieder erlebt und von den Kindern gehört, dass sie sich nichts sehnlicher wünschen als Väter oder Lehrer, die bereit sind, Irrtümer zuzugeben, und die auch mal von Kindern oder Schülern etwas annehmen wollen.

»Wenn mein Vater sich doch ein einziges Mal bei mir entschuldigen könnte, dann würde ich ihm ja alles verzeihen.« So wie dieser zwölfjähriger Junge äußern sich viele Buben über ihre Väter, wenn sie mal »ungestraft« zu Wort kommen.

46

Gefühle zeigen ist unmännlich

Meist können Väter zu ihren Töchtern emotionaler und weicher sein als zu ihren Söhnen. Dabei vergessen oder verdrängen diese Väter, dass ihr Sohn genauso empfindsam und verletzbar ist wie sie selbst einst als kleiner Bub, bevor man sie lehrte, »hart« zu werden. Nach dem Motto: Gefühle zeigen ist unmännlich!

Wer sagt das eigentlich? Die liebende Frau und die Kinder ganz sicher nicht! Es ist ein Relikt aus vergangener Zeit, mit dem wir eigentlich längst abgeschlossen haben sollten.

So wie Väter gelernt haben, sich vor ihren verletzten Gefühlen zu schützen, sie zu verstecken oder gar zu verdrängen, lernen ihre Söhne dasselbe, solange niemand den Teufelskreis durchbricht – eine endlose traurige Geschichte.

Wenn Sie eine vertraute und offene Beziehung zu Ihren Söhnen wollen, müssen Sie begreifen, dass Ihre Autorität in keiner Weise angegriffen wird, wenn Sie sich mal irren und das sogar zugeben, oder wenn Sie Ihre Verletztheit zeigen, statt zu schreien oder gar zuzuschlagen. Seien Sie einfach stark und mutig und schauen Sie sich selbst in die Augen!

Wahrscheinlich haben Sie »vergessen«, wie beschämend und erniedrigend Sie früher das machtvolle Handeln Ihres Vaters erlebt haben. Vielleicht haben Sie sich auch wie so viele eingeredet: »Mir haben die Ohrfeigen meines Vaters auch nicht geschadet – im Gegenteil.« Damals war dies wohl der einzig mögliche Schutz für Sie, um damit fertig zu werden. Doch heute als Erwachsener haben Sie im Grunde diesen Selbstbetrug nicht mehr nötig.

Versetzen Sie sich einfach mal in die Zeit, in der Sie selbst so alt waren wie Ihr Sohn jetzt! In meiner beruflichen Arbeit mit Vätern habe ich immer wieder erlebt, dass sie ihre Gefühle von Erniedrigung, Ohnmacht und Scham verdrängt haben, ja verdrängen mussten, um seelisch nicht zu

47

sehr zu leiden. Ihre Beziehung zu ihren Söhnen hat sich meist entscheidend verändert, wenn sie diese unangenehmen Gefühle wieder in sich beleben konnten. Auf einmal erinnern sich die Männer dann sehr genau daran, dass sie sich nichts sehnlicher von ihren eigenen Vätern gewünscht hätten, als verstanden und getröstet zu werden. Wie jeder große und kleine Mensch wollten und wollen Sie mit Ihren Gefühlen – welcher Art auch immer – ernst genommen werden, gerade, wenn es sich um Gefühle wie Angst, Ohnmacht und Schwäche handelt.

Väter haben große Sorge, dass die Ängste ihres Kindes schlimmer werden, wenn sie deshalb in eine therapeutische Behandlung gebracht werden.

»Wenn Sie sich dauernd mit der Angst beschäftigen, dann wird sie doch nur immer größer«, habe ich von vielen Vätern gehört. Sie sind der Meinung, man müsse, wie sie selbst einst, die Angst des Kindes nicht beachten, sprich unterdrücken. Hierzu ein Beispiel:

Ein Vater schubste seinen ängstlichen und wasserscheuen Sohn gewaltsam im Schwimmbad ins Wasser, damit er endlich lerne, dass »nichts« dabei sei.

Der Vater konnte nicht verstehen, dass die Ängstlichkeit des Kindes gerade dadurch zunahm.

Er wollte bzw. konnte den Rhythmus des Kindes nicht verstehen und hat seinen Sohn stattdessen sogar lächerlich gemacht.

Als der Vater dann im Verlauf der Behandlung fähig wurde, die Angst des Kindes ernst zu nehmen, nahm er das fünfjährige Kind beim Schwimmen auf seinen Rücken und wunderte sich sehr, dass der Junge bald immer häufiger von seinem Rücken herunterrutschte und selber schwamm. Der Sohn fühlte sich nun beschützt und nicht nur körperlich, sondern vor allem auch seelisch »getragen«, was ihm Mut machte, selbständig zu werden.

48

Angst zu verstehen hilft sie zu verkleinern oder zu überwinden. Die Angst nicht wahrzunehmen, sie zu unterdrücken oder lächerlich zu machen bewirkt dagegen, dass sie sich verstärkt und innerlich verselbständigt, also nicht mehr dem Willen unterliegt, weil das Ventil des Verständnisses verstopft ist. Außerdem erlebt das Kind ständig einen Angriff auf sein Selbstwertgefühl, wenn es hört oder spürt, dass ein Teil seines Ichs in den Augen des von ihm bewunderten Vaters lächerlich und wertlos ist.

Verstehen, aber nicht gewähren!

Viele Eltern setzen Verstehen mit Gewähren gleich. Sie glauben, dass sie das, was sie verstehen, auch gutheißen oder erlauben müssen. Oder – auch das ist oft der Fall – sie gewähren, ohne sich die Mühe wirklichen Verstehens gemacht zu haben.

Ich kann viele Ängste und Schwächen verstehen, ohne dass ich sie gutheißen muss. Denken Sie an den wasserscheuen Bub! Der Vater konnte nach einiger Zeit die Angst seines Sohnes verstehen, ohne sie deshalb zu unterstützen. Aber durch sein Verständnis konnte er seinem Sohn wirklich helfen, seine Angst vor dem Wasser zu verlieren.

Ähnlich verhält es sich mit den aus unserer Erwachsenenperspektive »unvernünftigen« Wünschen unserer Kinder. Wenn ich zum Beispiel Verständnis dafür habe, dass mein neunjähriger Sohn keine Lust hat, seine Hausaufgaben zu machen, bevor er an einem strahlend schönen Sommertag zum Baden gehen will, so muss ich das noch nicht gutheißen. Für das Kind bedeutet es aber einen großen Unterschied im Erleben seiner Seele, ob Sie Ihr Verständnis äußern und trotzdem darauf bestehen, dass es zuerst seine Hausaufgaben erledigt, oder ob Sie das Kind schelten und

49

damit entwerten, weil es »nur immer an sein Vergnügen denkt und nichts anderes im Kopf hat«. Dadurch fühlt es sich schlecht und minderwertig und wird wahrscheinlich dieses schmerzhafte Gefühl versuchen zu »vergessen«, indem es in entsprechenden Situationen andere Menschen entwertet: Klassenkameraden vielleicht auslacht, das jüngere Geschwister ebenso behandelt.

Ebenso kann ich gut verstehen, dass kleine Kinder am liebsten einen ganzen Sack voller Süßigkeiten in sich hineinstopfen wollen, aber erlauben muss ich es deshalb noch lange nicht. Dennoch unterscheidet das Kind in seinem Erleben und in der Beziehung zu Ihnen, ob Sie seinen Wunsch verstehen und in der Phantasie gutheißen, ihn aber aus gesundheitlichen Gründen in der Realität nicht erlauben, oder ob Sie das Kind für seinen Wunsch schelten oder es bloßstellen, indem Sie ihm vielleicht sagen: »Du bist ungezogen und gierig, nie kriegst du genug von dem giftigen Zeug!«

Wenn Sie Verständnis dafür zeigen, dass Kinder beim Spielen nicht an ihre Kleidung denken, dann werden Sie ihnen praktische Garderobe kaufen, die leicht zu waschen und zu pflegen ist. Es gibt sicher genügend Gelegenheiten, Ihren eigenen Wunsch nach hübscher Kleidung für Ihren Sohn oder Ihre Tochter auszuleben. Ihr Kind wird so sicher Verständnis für Ihre »elterliche Marotte« zeigen.

Oft habe ich erlebt, dass manche Kinder während der Therapiestunden nicht malen oder im Sand matschen wollten, weil die Mutter ihnen verboten hatte, sich schmutzig zu machen. In solchen Fällen stellt die Mutter ihren eigenen Wunsch, das Kind hübsch anzuziehen, so weit in den Vordergrund, dass sie das natürliche Bedürfnis des Kindes gar nicht mehr sehen kann.

Eine Mutter sagte mir in einem solchen Zusammenhang, dass sie befürchte, ihre Tochter würde völlig »verloddern«,

50

wenn sie nicht auf Sauberkeit achte. Hier war die Angst vor dem Eigenrhythmus des Kindes übergroß, die Mutter dachte, dass ihre eigenen Vorstellungen ganz untergingen, wenn sie Verständnis zeigen würde. Das Beispiel zeigt gleichzeitig, dass die Mutter nicht wirklich »verstand«, was ihr Kind ausleben wollte.

Denken Sie wieder an den Paar-Tanz. Er funktioniert nur, wenn beide sich selbst und den anderen sehen. Wenn beide bereit sind, voneinander zu lernen.

Müssen Eltern immer einer Meinung sein?

Viele Eltern glauben, sie müssten in der Kindererziehung immer einer Meinung sein. Eingedenk einer Beziehung, wie ich sie anfänglich definiert habe, kann das gar nicht möglich sein. Sicher ist es sinnvoll, dass sich beide Partner, so gut es geht, miteinander austauschen, aber unterschiedliche Wesen können nicht – nur weil es sich um gemeinsame Kinder handelt – immer gleich sein und gleich denken.

Oft jedoch erwartet ein Elternteil, dass der andere sich den Kindern gegenüber so verhält, wie er es sich wünscht.

Häufig beklagen sich Mütter bei mir darüber, dass ihre Kinder nicht auf sie hören. Bei den Vätern wäre das nie ein Problem. Bei genauem Hinschauen stellt sich meist heraus, dass diese Mütter sich oft halbherzig verhalten, dass sie in ihrem Inneren nicht mit ihren Worten übereinstimmen.

So sagte eine junge Mutter ihren beiden fünf- und siebenjährigen Kindern, dass sie ihr Zimmer aufräumen sollten, bevor der Vater abends heimkomme. Die Kinder befolgten die Aufforderung der Mutter nicht. Es gab dann meist Ärger mit dem Vater – sowohl zwischen ihm und der Mutter als auch mit den Kindern.

51

Was war die Ursache? Die Mutter fand es im Grunde gar nicht so wichtig, dass die Kinder ihr Zimmer jedes Mal picobello aufräumten. Sie selbst störte die kindliche Unordnung im Kinderzimmer nicht, doch hatte sie nicht den Mut, sich klar von ihrem Mann abzugrenzen.

Oder nehmen Sie folgenden Fall:

Ein junger Vater sollte am Wochenende stets mit den sechs- und achtjährigen Kindern etwas unternehmen, weil seine Frau davon überzeugt war, dass es den Kindern gut täte. Wenigstens am Wochenende bräuchten sie ihren Vater. Die Mutter schmiedete bereits während der Woche Pläne für die drei, weil sie ihren Mann damit nicht belasten wollte.

Die sonntäglichen Unternehmungen begannen meist mit schlimmen Streitigkeiten und mit Gezeter. Die Kinder hatten keine Lust zu den Unternehmungen, der Vater war sauer, schimpfte die Kinder undankbar und warf ihnen vor, dass ihm nun auch die Lust vergangen sei.

Die Kinder mussten austragen, was den Vater innerlich umtrieb. Er hatte nämlich nicht die geringste Lust zu den Wochenendunternehmungen, zumal er sich von seiner Frau in die Rolle eines kleinen Jungen gepresst fühlte, der das tun sollte, was ihm vorgeschrieben wurde.

Er wollte aber keine Auseinandersetzung mit seiner Frau und tat »um des lieben Friedens willen« das, was von ihm erwartet wurde, wie früher als kleiner Junge.

So verlagerte sich der Streit auf die Beziehung zu den Kindern. Die Kinder verhielten sich letztlich so, dass der eigentliche Wunsch des Vaters in Erfüllung ging, sie zahlten allerdings den Preis für einen Konflikt, der mit ihnen selbst nur wenig zu tun hatte.

All die Beispiele zeigen, dass Kinder sehr klar spüren, wenn Erwachsene nicht im Einklang mit sich selbst handeln und dadurch in einen inneren Konflikt geraten. Tragen Sie

52

solche Konflikte nicht auf dem Rücken der Kinder aus, sondern mit sich und Ihrem Partner. Wenn Sie beide unterschiedlicher Meinung sind und sich dies auch zugestehen, können Ihre Kinder durchaus davon profitieren. Sie können z.b. erleben, wie man Meinungsverschiedenheiten ausdiskutiert oder wie jeder den anderen in seinem Anderssein respektiert. Wenn Sie sich als Eltern allerdings gegenseitig entwerten, beschimpfen oder sogar bestrafen (z.b. nicht mehr miteinander reden, in die Kneipe oder zu Freunden verschwinden), dann bringen Sie Ihre Kinder in eine schlimme Zwickmühle. Kinder wollen immer verhindern, dass sich Eltern streiten, und nehmen deswegen lieber die Sündenbockrolle auf sich, wie im obigen Beispiel gezeigt.

Im Folgenden werden Sie noch an vielen Beispielen sehen, in welch hohem Maße Kinder aus Angst vor Liebesentzug bereit sind, die Konflikte ihrer Eltern auf den eigenen Schultern auszutragen. Das geht mitunter so weit, dass sie sogar körperlich und seelisch krank werden.

Ihre Beziehung steht in keinem Buch

Ich möchte noch einmal auf die Kindererziehung »nach Buch« zurückkommen. Ich bin der Überzeugung, dass weder Sie noch Ihr Kind in einem Buch vorkommen können. Bücher – auch dieses – können Ihnen immer nur Denkanstöße, nie Patentrezepte geben. Die Erziehungsbücher, die Ihnen sagen wollen, wie Sie Ihr Kind erziehen sollen, übersehen, dass Kinder wesentlich intensiver auf nicht geäußerte Gefühle seitens der Eltern reagieren als auf das, was Eltern explizit aussprechen. Ich möchte das immer wieder betonen, weil ich so viele leidende Eltern (und Kinder) erlebt habe, die ihre Töchter und Söhne nach

53

Lehrbuch erziehen und damit alles ganz besonders richtig und gut machen wollten.

Das Grundproblem dabei ist meines Erachtens die falsche Vorstellung, dass Kinder alle gleich sind. Ihnen passt doch auch nicht jedes Kleid oder jeder Schuh! Und das ist nicht nur ein Problem der Größe. Sie brauchen das Kleid, den Anzug oder den Schuh, der Ihrem Stil, Ihrem Aussehen und Ihrer Persönlichkeit entspricht. Und genauso braucht Ihr Kind eine Beziehung, die sowohl seinem Wesen, seinem Temperament und seiner Seele entspricht wie Ihrer Persönlichkeit und Ihren Lebensbedingungen. Und diese Kombination lässt sich nicht verallgemeinern.

Wie oft höre ich zu Beginn einer therapeutischen Beziehung von den Eltern: »Bitte, nun sagen Sie uns, wie wir uns verhalten sollen, Sie sind doch die Fachfrau!«

Oft sind die Eltern dann erst mal enttäuscht und zweifeln an meiner Kompetenz, wenn ich ihnen den ersehnten Rat nicht gebe. Wie sollte ich denn, bevor ich Eltern und Kind genauer kennen gelernt habe?

Hierzu ein Beispiel aus meiner Praxis:

Frau Müller saß verzweifelt vor mir, weil sie den ständigen Kampf gegen die Unordnung ihrer fünfjährigen Tochter Karin nicht mehr ertragen konnte. Die Mutter litt unter ihrem eigenen Ordnungs- und Putzzwang. Sie ertrug es einfach nicht, wenn die Dinge nicht an ihrem Platz lagen. Wenn Karin ihre Sachen nicht aufräumte oder einfach bei schneenassem Matschwetter hereinstürmte, ohne sich die Schuhe vor der Haustür auszuziehen, war das für die Mutter eine Qual.

Frau Müller wusste aber aus Erziehungsbüchern, dass sie ihrer Tochter diesen Zwang nicht weitergeben durfte, um ihr »nicht zu schaden«. Deshalb hat sie versucht, ihre eigenen Gefühle, so gut sie eben konnte, zu unterdrücken und entweder das Verhalten der Tochter leidend zu ertragen

54

oder ihr ständig nachzuräumen und nachzuputzen. Zu ihrem Leidwesen entwickelte sich das Verhalten der Tochter aber immer chaotischer. Die Mutter hatte das Gefühl, dass ihre Tochter, um sie zu ärgern, immer unordentlicher wurde. Zu ihrem strapazierten Ordnungsdrang kam nun noch die Verletzung hinzu, sich von der Tochter bewusst angegriffen zu fühlen. Aber auch Karin litt sehr unter dem Verhalten der Mutter. Warum? Nach dem Lehrbuch hatte Frau Müller sich doch »richtig« verhalten, und Karin hätte demnach glücklich sein müssen. Stattdessen war Karin aber genauso verzweifelt wie ihre Mutter, weil sie deren Leid spürte, sich deshalb schuldig fühlte und sich überhaupt nicht mehr auskannte, weil zwischen dem Sagen und Fühlen der Mutter ein Widerspruch lag. Karin sehnte sich danach, dass die Mutter ihr sagte, wie sie sich verhalten soll. Sie wollte doch, dass auch die Mutter zufrieden wäre.

Die Lösung für beide bestand darin, dass die Mutter lernte, offen zu ihrem Wunsch nach Ordnung zu stehen, und dass Karin künftig Bereiche in der Wohnung akzeptierte, in denen sie dem Wunsch der Mutter nachkam, dass sie aber auch über Bereiche verfügen konnte – z.B. ihr eigenes Zimmer –, in denen sie ihren eigenen Wunsch nach spielerischer Unordnung ausleben konnte.

In diesem speziellen Fall war wichtig, dass die Mutter mit der Zeit verstanden hat, ihren Wunsch nach Ordnung als einen Teil ihrer individuellen Persönlichkeit zu akzeptieren, ihn weder als etwas Schlimmes noch als das »Nonplusultra« anzusehen, nach dem Motto: Kinder müssen Ordnung und Disziplin lernen!

Der erste Aspekt, die Akzeptanz der eigenen Individualität, ist oft schwer genug und doch so wichtig. Ich erlebe häufig, dass Eltern sich ihre so genannten »negativen« Eigenschaften nicht zugestehen, weil sie meinen, damit ihren

Kindern zu schaden. Dazu tragen auch die »schlauen« Erziehungsratgeber ihren unseligen Teil bei.

Vor allem Mütter müssten nach vielen dieser Bücher wahre Übermenschen sein!

Niemand ist in der Lage, den propagierten Ansprüchen an eine »ideale Mutter« oder einen »idealen Vater« zu genügen. So fühlen sich viele in einem elenden Schlamassel. Wer sagt ihnen schon, dass sie ihre »Unarten« haben dürfen, solange sie bereit sind, sie als ihre »Unarten« zu akzeptieren, sie nicht zu Tugenden zu erheben und sie vor allem gegenüber den Kindern auch als persönliche »kleine Macken« zuzugeben.

Ein anderes Beispiel: Wenn Sie als Vater jeden Abend stundenlang vor dem Fernseher sitzen und ihren Kindern das Fernsehen verbieten, weil es schließlich etwas ganz anderes sei, wenn Sie das tun, dann werden Sie Probleme bekommen. Ihre Kinder werden das ungerecht finden, und Sie werden als Vater an Glaubwürdigkeit verlieren. Wenn Sie Ihren Kindern aber eingestehen, dass Sie nun mal diese Schwäche haben, sich nach Feierabend von wahllosen Fernsehprogrammen zuschütten zu lassen, wenn Sie vielleicht sogar bedauern, dass Sie abends zu müde sind, um gemeinsam mit den Kindern noch etwas zu unternehmen, dann spüren Ihre Kinder, dass Sie sowohl Verständnis für Ihre eigene Schwäche als auch Verständnis für das Verhalten der Kinder haben – und glauben Sie mir: Ihre Kinder werden nicht leiden, auch nicht rebellieren, sondern sie werden Sie verstehen.

Aus eigener Erfahrung kenne ich dieses Problem übrigens auch: Während der Ausbildung werden wir im so genannten Therapiepraktikum bei unseren ersten Therapiestunden mit Kindern und ihren Eltern immer von erfahrenen Therapeuten und Therapeutinnen begleitet. Wie fast jeder »Neuling« versuchte ich die guten Rat- und Vorschläge

56

meiner Lehrtherapeutin das nächste Mal sofort in die Tat umzusetzen. Aber statt des erwarteten und ersehnten Erfolges scheiterte ich kläglich, denn auch bei jeder Therapie handelt es sich um eine Beziehung. Und mein Therapie-Kind spürte damals sofort, dass mein Tun und Reden nicht wirklich meines war, sprich aus meiner inneren Haltung entstanden war, sondern nur etwas Angelerntes und Übernommenes.

Oder nehmen Sie folgenden Fall:

Frau Schulz hatte gelesen, dass es gut wäre, wenn sie mit ihren zwei kleinen Buben (zwei und vier Jahre alt) regelmäßig spielen würde. Obwohl sie überhaupt nicht gern spielte, zwang sie sich dazu. Es gab jedoch jedes Mal Streit, denn die Kinder spürten die Halbherzigkeit der Mutter, die mit ihrem Herzen nicht dabei war, aber eine gute Mutter sein wollte.

Dieses Problem habe ich in meiner Praxis – auch von Vätern – immer wieder gehört. Viele Eltern meinen, dass sie mit ihren Kindern spielen müssten, und leiden unter Schuldgefühlen, weil sie – wie im obigen Beispiel – entweder keinerlei Lust dazu haben oder auch keine Zeit.

Ich halte nichts von solch pauschalen Rat- und Vorschlägen, weil sie eben oft nicht passen. Das Spiel ist für Kinder etwas Elementares und Lebenswichtiges, weil sie ihre kindlichen Probleme damit bewältigen und sich auf diese Weise auf das Leben als Erwachsene vorbereiten. Kindsein ist spielerisch, sollte es sein, aber Erwachsensein ist es meist nicht mehr.

Wenn Sie als Eltern Lust haben, mit Ihren Kindern zu spielen, dann tun Sie das und genießen Sie es. Wenn Sie aber eine innere Abneigung dagegen haben, dann lassen Sie es und suchen Sie sich stattdessen andere Gemeinsamkeiten, die Sie gern mit Ihren Kindern teilen und an denen Sie und die Kinder Freude haben.

Kinder können durchaus allein spielen, sie brauchen Mutter und/oder Vater im Hintergrund, sie brauchen Sie als interessierte Ansprechpartner. Kinder brauchen Sie nicht als Mitspieler.

Natürlich macht es Ihrem Sohn Spaß, wenn Sie als Vater mit ihm Fußball spielen, aber nur dann, wenn Sie auch Freude daran haben, denn sonst spielt er besser mit Gleichaltrigen.

Stellen Sie sich vor, Ihr Partner oder Ihre Partnerin teilt lustlos nur Ihnen zuliebe Ihr Hobby. Ihr Mann würde im Konzert ständig einschlafen, Ihre Frau merkt sich beim Kartenspiel nie die schon abgeworfenen Karten. Könnten Sie Ihr Hobby dann noch wirklich genießen? Wäre es nicht auch für Sie schöner, den Konzertbesuch mit einer ebenso begeisterten Freundin, den Skatabend mit gleich gesinnten Freunden zu verleben?

Genauso ergeht es Ihren Kindern. Glauben Sie mir, Ihre Kinder erleiden keinen seelischen Schaden, wenn Sie nicht auch zum Kind werden. Ihre Ehe bleibt interessant und spannend, wenn Sie nicht dem Irrtum verfallen, alles gemeinsam machen zu müssen.

Umgang mit Wut

Da bei allen mir bekannten seelischen Erkrankungen der Umgang mit Gefühlen wie Wut und Ärger eine wichtige Rolle spielt, möchte ich auf diesen Punkt hier noch einmal gesondert eingehen.

Anhand der weiteren Ausführungen und Fallbeispiele wird ersichtlich, dass in der Art und Weise, wie Kinder – und im Wechselspiel auch die Eltern – ihre Aggressionen verarbeitet haben bzw. wie sie versuchen, sie zu bewältigen, eine der Ursachen für die Erkrankung ist.

Der Umgang mit Aggressionen ist in unserer Kultur ein schwerwiegendes Problem.

Wer von uns Erwachsenen fühlt sich schon sicher und souverän, wenn es darum geht, unseren Gefühlen wie Ärger und Enttäuschung Ausdruck zu verleihen? Die einen haben gelernt, solche Gefühle stets herunterzuschlucken, weil sie immer wieder erlebt haben, dass solche Gefühle »böse« sind, ja dass sie nicht zu uns gehören dürfen. So berichtete mir z.B. eine Mutter voller Überzeugung, dass sie ihren Kindern stets den Mund mit Seife auswasche, wenn sie ein »schmutziges« Wort in den Mund nähmen. Als ich die Mutter fragte, wie ihre Kinder denn ihrem Ärger Luft machen dürften, antwortete sie: »Wieso? Es gibt keinen Ärger bei uns!« Abgesehen davon, dass dies auch in der besten Familie gar nicht möglich ist, hat diese Mutter nicht gespürt, dass sie selbst sehr viel Ärger in sich hatte und dass ihr Handeln gegenüber den Kindern sogar äußerst aggressiv, ja gewaltsam war.

Andere dagegen schlagen bei dem geringsten Ärger gleich um sich, ohne sich Gedanken über die Verletzungen, die sie anderen zufügen, zu machen.

59

Das »böse« Kind oder »böse« Eltern?

Viele Erwachsene glauben, dass ihr aggressives Verhalten gegenüber Kindern gar nicht »böse«, sondern ganz in Ordnung sei. Sie müssten doch so handeln, um das Kind zu erziehen. Das Böse läge dieser Auffassung nach ausschließlich bei den Kindern, die sich nicht unseren Wünschen entsprechend verhalten.

Es ist wahr, dass Kinder häufig provozieren, dass sie sich oft nicht »artig« verhalten, dass sie Dinge tun und sagen, die einen ärgern und die man ihnen abgewöhnen möchte.

Ich bin aber absolut dagegen, so zu tun, als ob es nicht verletzend sei, wie Erwachsene ihrem Ärger Luft verschaffen. Wenn ich mein Kind strafe, bin ich in seinen Augen genauso »böse«, wie das Kind in meinen Augen »böse« ist. Warum eigentlich nicht? Und es hat Recht! Wenn man ein Kind anbrüllt oder sogar schlägt, dann ist man »böse«. Kennen Sie einen einleuchtenden Grund, weshalb Ihr Sohn oder Ihre Tochter nicht dasselbe tun sollten?

Bitte verstehen Sie mich nicht falsch! Ich halte es bestimmt nicht für wünschenswert, dass Kinder ihre Eltern oder später wieder ihre eigenen Kinder schlagen – im Gegenteil! Ich halte es aber ebenso wenig für erstrebenswert, wenn Eltern ihren Kindern ein Verhaltensmuster vorleben, für das sie später ihre eigenen Kinder verurteilen.

Vielleicht erinnern Sie sich noch, wie Sie selbst als Kind den Ärger Ihrer Eltern erlebt haben, möglicherweise fallen Ihnen einige Parallelen zu Ihrem jetzigen Verhalten auf.

Nur wenige Menschen hatten das Glück, in ihrer eigenen Kindheit zu erfahren, dass es auch kreative und produktive Umgangsformen mit ärgerlichen und wütenden Gefühlen gibt.

Kinder sollten so bald wie möglich lernen, mit diesen für uns alle unangenehmen Gefühlen umzugehen. Oft können unsere Kinder aber auch uns dabei helfen, endlich als

»Erwachsene« adäquate und konstruktive Formen der Auseinandersetzung zu üben.

In Erziehungsfragen wurde und wird häufig noch zwischen Buben und Mädchen unterschieden, besonders wenn es um das Ausleben von Wut geht. Einem Buben wird das »Bösesein« eher zugestanden als einem Mädchen, dem der spontane Ausdruck von ärgerlichen Gefühlen häufig, weil angeblich »unweiblich«, aberzogen wird. Daher neigen Frauen ohnehin mehr als Männer dazu, ihre Wut nach innen zu lenken, also entweder zu verdrängen oder gegen sich selbst zu richten.

Angst vor der Wut

In der Regel machen Wut und Ärger den Frauen auch mehr Angst! Ich habe viele Mütter kennen gelernt, die nicht nur Angst vor der Wut ihres Partners, sondern auch vor der des Kindes hatten, selbst wenn es noch sehr klein war. Wütend zu sein löst bei vielen Frauen die Angst aus, nicht mehr geliebt zu werden. Das in der eigenen Kindheit anerzogene Wutverbot sitzt tief und ihm ist mit rationalem Erkennen allein nicht beizukommen. Rationale Erkenntnis ist jedoch ein Anfang. In der Unfähigkeit, Ärger und Unzufriedenheit auf direktem Wege nach außen zu lenken, haben die eigenen Mütter wahrscheinlich dazu geneigt, ihre Töchter zu bestrafen, indem sie »beleidigt« waren. Das hatte zur Folge, dass die Mutter für kürzere oder auch längere Zeit den Kontakt zu der Tochter abgebrochen hat. Und diese Lektion haben diese verinnerlicht, ohne dass es ihnen noch bewusst ist. Die Gefahr, bei den eigenen Kindern unbewusst das Verhalten der Mutter zu wiederholen, ist groß, eben weil man verdrängt hat, wie schlimm, mit wie viel Angst man dieses Verhalten als Kind erlebt hat.

61

Es gibt für ein Kind nichts Bedrohlicheres, als die Beziehung zur Mutter aufs Spiel zu setzen, das Gefühl zu haben, die Liebe der Mutter zu verlieren. Wenn wir einst als »böses« Mädchen nicht mehr geliebt wurden, mussten wir versuchen, unsere ärgerliche und wütende Seite zu verdrängen. Inzwischen erwachsen, erscheint uns der Ausdruck von Wut und Ärger immer noch genauso bedrohlich, weil wir keine Gelegenheit hatten, andere Erfahrungen zu sammeln.

Deshalb kann der Satz eines Kindes »Du bist eine blöde Mama, ich hab dich gar nicht mehr lieb« bei der Mutter die alte, inzwischen unbewusste Verlustangst auslösen, so dass sie entweder das gerade ausgesprochene Verbot zurücknimmt oder aber ins andere Extrem verfällt und nun wirklich »böse« auf die spontane Äußerung ihres Kindes reagiert. Ein Verhalten, mit dem sie ihre Angst abzuwehren versucht.

Ich habe bei Angstreaktionen Mütter beobachten können, die schnell ihre Arme ausgebreitet und ihr Kind liebkost haben, wenn es gerade wütend auf sie war, obwohl sie selbst eigentlich ärgerlich waren. Die Angst, die Liebe des Kindes zu verlieren, war in dem Moment so groß und beherrschte sie jedes bessere Wissen. Klar, dass auf diese Weise eine völlig irritierende, verdrehte Beziehung von Liebe und Wut im Kind entsteht.

Viele von uns haben aber auch erlebt, dass in ihrer Familie ständig gestritten, geschrien und eventuell sogar geschlagen wurde. Vielleicht haben sich die eigenen Eltern schließlich sogar getrennt. Wut und Ärger wurden nicht nur voller Angst erlebt, sondern auch verinnerlicht, so dass sie in der Folge mit Verlust und Zerstörung verknüpft sind.

Es gibt heute viele Bücher, die sich damit beschäftigen, wie wir lernen können, positiv oder kreativ zu streiten. Sicher können diese Bücher eine große Hilfe sein, nur glaube ich, dass wir als Erwachsene uns zuerst mit unserer

62

Angst vor der Wut auseinander setzen und sie uns zunächst überhaupt erst einmal eingestehen sollten. Als Nächstes können wir dann vielleicht lernen, dass nicht die Wut etwas Schlimmes ist, sondern nur der falsche Umgang mit ihr. Es gibt auch Erwachsene, die die angestaute Wut – vielleicht im Berufsleben – an Schwächeren auslassen, also möglicherweise auch an Kindern.

Dem eigenen Chef gegenüber war die Angst, als »böser« Angestellter dazustehen und mit Sympathieentzug bestraft zu werden, zu groß. Zu Hause reicht dann jedoch die geringste Kleinigkeit, um zu explodieren. Es gibt natürlich auch Mütter, die ihre Kinder bei geringfügigen Vergehen schelten, weil sie sich morgens über ihren Ehemann geärgert haben.

So lernen Kinder, dass Schwächere zum Sündenbock werden dürfen. Sie verhalten sich dann konsequenterweise ihren jüngeren Geschwister gegenüber genauso und diese lassen es dann am Hund oder der Katze aus.

Jedem von uns passiert es mal, dass sich die Wut am falschen Platz Luft macht. Das ist nicht weiter tragisch, solange man sich die »Fehlzündung« eingesteht.

Wichtig ist vor allem, dass Kinder die Möglichkeit erhalten, sich bei solchen Ungerechtigkeiten entsprechend zu wehren und verstanden zu werden. Sie können sich als Erwachsener durchaus entschuldigen und zugeben, dass Sie sich heute viel geärgert haben, dass Sie gereizt sind. Sie verlieren Ihr Gesicht keineswegs, sondern gewinnen an Achtung und Vertrauen.

Falls Ihre Kinder bei Ihnen diese Ehrlichkeit und Souveränität jedoch nie erleben, falls Sie den berechtigten Protest Ihrer Kinder wiederum mit verschärften Aggressionen zum Schweigen bringen, kann dies der Anfang für ein späteres gewalttätiges Verhalten Ihres Kindes gegenüber Schwächeren sein. Damit geben sie dann das Muster weiter, das sie bei Ihnen gelernt haben.

Wut und Ohnmacht

Für einen richtigen Umgang mit den eigenen Aggressionen und den Aggressionen anderer sollte man wissen, dass hinter einem Ausbruch von Wut immer eine erlebte Verletzung verborgen ist. Meist sind es Gefühle von Ohnmacht und Hilflosigkeit, die sich noch schlimmer anfühlen als Ärger und Wut und die auch noch wehrloser machen. Sie können diesen Zusammenhang sicher auch an sich selber beobachten. Versuchen Sie nicht auch manchmal, Ihre verletzten Gefühle sowie erfahrene Kränkungen hinter einer Fassade von wütender Stärke oder Macht zu verbergen?

Zeigen Sie beispielsweise Ihre Eifersucht und Ihre Angst, den geliebten Menschen zu verlieren? Oder verstecken Sie dieses Gefühl hinter betonter Lässigkeit oder kühler Arroganz? Vielleicht versuchen Sie auch, Ihren Partner zu verletzen, eben weil Sie sich gerade entwertet, klein und unsicher fühlen? Sie spielen Stärke vor, statt Ihre Schwäche ehrlich zu zeigen.

Ein fünfjähriger Bub hat sich in seiner Therapie anfangs als Igel bezeichnet und gemalt. Mir erklärte er zu dem Bild: »Du sollst nur die Stacheln sehen und Angst vor ihnen haben.«

Als ich sagte: »Ich soll wohl auch nicht sehen, wie weich der Igel unter seinen Stacheln ist?«, antwortete er: »Nein, dann tust du ihm weh!«

Dieses Beispiel mag Ihnen zeigen, wie genau gerade auch kleine Kinder die Zusammenhänge spüren und auf ihre Weise ausdrücken.

Für eine vertrauensvolle Beziehung zu Ihren Kindern müssen Sie ihnen Ihre echten Gefühle zeigen. Kinder sind zunächst immer ehrlich und echt. Auf ehrliche Gefühle, selbst wenn sie mal unangenehm sind, reagieren sie mit Liebe und Achtung Ihnen gegenüber.

64

Wenn sich Ihr Kind auffällig aggressiv und sogar gewalttätig verhält oder wenn es im Gegenteil ungewöhnlich artig
und angepasst ist, sollten Sie sich in jedem Fall fragen, wie
Sie miteinander in Ihrer Familie mit den Gefühlen von Wut,
Ärger und Enttäuschung umgehen und wie Ihre Eltern
diesbezüglich mit Ihnen als Kind umgegangen sind. Die
Rückerinnerung wird Ihnen helfen, Ihr eigenes Verhalten
klarer zu erkennen und auch Ihr Kind besser zu verstehen.
Sie müssen Ihren Kindern nicht immer nur starke, über-
legene Vorbilder sein. Manchmal sind Kinder viel »klüger«
als wir Erwachsenen. Ihre Kinder können Ihnen helfen, zu
sich selbst zu finden, denn sie lösen mit ihrem unverstellten
Verhalten tiefe und oft verschüttete Gefühle in Ihnen aus.
Wenn Sie diesen Gefühlen nachgehen, werden Sie sicher
Spuren in Ihren Erinnerungen entdecken, die Sie auf ähnliche Verhaltensweisen stoßen lassen, wie Sie sie bei Ihrem
Kind erleben.

Der abwesende Vater

Abschließend sei noch ein besonderes Kapitel den Vätern gewidmet, die bei seelischen Nöten eine ebenso wichtige Rolle spielen wie die Mütter, denen aber üblicherweise bei der Erziehung von Kindern eine vermeintlich eher untergeordnete Bedeutung zukommt.

Warum das so ist, liegt einfach daran, dass es in unserer Gesellschaft auch heute noch in der Regel die Mütter sind, die sich vorrangig um ihre Kinder und deren Erziehung kümmern. Sie sind also wesentlich mehr mit den Kindern zusammen als die Väter.

Väter übernehmen dagegen meist die Hauptverantwortung für die gesellschaftliche Stellung der Familie und deren finanzielle Versorgung. Dabei ist ihnen ihre Familie zwar sehr wichtig, jedoch entziehen sie sich bewusst oder unbewusst leicht der Verantwortung für deren seelisches Wohlergehen.

Die hilflosen Väter

Väter sind noch viel weniger als Mütter auf ihre Beziehung zu ihren Kindern und zu ihren Frauen als Mütter, also auf ihr Vater- und Partnersein vorbereitet. Meist haben sie selbst einen Vater gehabt, der beruflich so eingespannt war, dass sie ihn als Kind kaum zu sehen bekommen haben und als Vater daher zu wenig erleben konnten. Es gibt heute zwar viele berufstätige Mütter. Sie sind aber trotz ihrer Berufstätigkeit meist allein für ihre Kinder zuständig und verantwortlich. Wie oft habe ich Väter sagen hören: »Wissen Sie,

66

ich fühle mich da bezüglich des seelischen Wohles unseres Kindes nicht zuständig, das macht alles meine Frau! Ich verstehe davon nichts.« Das Problem, wie ich es von Vätern immer wieder gehört habe, liegt im Vergleich zu den Müttern aber zusätzlich darin, dass sie als Mann nicht unsicher sein dürfen oder wollen. Während es für sie selbstverständlich ist, sich in ihrem Beruf auf Neuland zu wagen und sich in Fortbildungskursen das nötige Wissen anzueignen, habe ich nur relativ wenig Väter erlebt, die mit derselben Neugier und demselben Wissensdurst zu mir in die Sprechstunde gekommen sind, um etwas Neues über das Zusammenleben mit ihren Kindern oder über sich selbst zu lernen.

Kinder sehnen sich nach einem präsenten Vater. Sie brauchen einen Vater, mit dem sie reden, mit dem sie streiten, mit dem sie sich messen und mit dem sie schmusen können. Einen Vater, der ein offenes Ohr für ihre Sorgen und auch für ihre Freuden hat und der vieles aus einem anderen Blickwinkel sieht.

Die innere Abwesenheit

Väter sind der ersehnte Dritte, der den Clinch zwischen Mutter und Kind auflösen, der Kind und Mutter helfen kann, sich aus einer zu engen Beziehung zu lösen: Denn Mütter, die in einer lebendigen Partnerbeziehung leben, brauchen ihre Kinder nicht als Ersatz für Beziehungen und Zärtlichkeit, sie haben ja einen Partner! Und die Kinder können es leichter wagen, aus der engen Symbiose mit der Mutter hinauszuschlüpfen, wenn der Vater helfend zur Seite steht.

Wenn Kinder bei guter Intelligenz in der Schule versagen, dann rebellieren sie oft gegen den abwesenden Vater. Diese

67

Kinder suchen väterliche Hilfe, und sei es nur beim Mathematiküben. Ein schimpfender Vater ist immer noch besser als ein abwesender, weil er sich wenigstens kümmert. Ein Kind fühlt sich lieber negativ beachtet als gar nicht. Kinder – vor allem Söhne – wissen, dass der Vater bei schlechten Schulleistungen am ehesten reagiert, vielleicht weil er selbst erlebt hat, dass sein Vater vorwiegend für Schulleistungen Interesse gezeigt hat.

Je jünger die Kinder sind, desto weniger können sie verstehen, warum ihr Vater so selten Zeit hat, warum er oft so müde ist. Sie glauben, an seiner Abwesenheit schuld zu sein, sie verbuchen seine mangelnde Präsenz als ihr Versagen. Die Berufswelt des Vaters liegt meist völlig außerhalb des Familienkreises. Kinder – und meist auch die Partnerin – haben keinen Zugang zu dieser Welt. Das Kind eines Bauern zum Beispiel kann noch neben dem Vater auf dem Traktor sitzen, mit ihm gemeinsam im Stall bei den Tieren sein. Dadurch gewinnt es eine Vorstellung von dem, was der Vater außerhalb des häuslichen Bereiches tut, es kann sich einbezogen fühlen, auch wenn der Vater es mal nicht mitnimmt. Bei den meisten anderen Berufen haben Kinder oft nicht einmal eine Vorstellung davon, was der Vater tagsüber tut, wo er arbeitet oder mit wem er zusammen ist. Viele Väter machen sich gar keine Gedanken darüber, wie wichtig es für ihre Beziehung zu den Kindern ist, ihnen eine Vorstellung über ihre berufliche Tätigkeit zu vermitteln. Wie begeistert erzählen Kinder, dass sie beispielsweise einmal in Papas Büro auf dessen Sessel sitzen oder mit ihm in der Kantine essen durften!

Versetzen Sie sich zurück in Ihre Kindheit, als Sie ein kleiner Bub waren! Hatten Sie eine konkrete Vorstellung von der beruflichen Tätigkeit Ihres Vaters? Haben Sie sich nicht sehnlichst gewünscht, einmal von ihm zu seinem Arbeitsplatz mitgenommen zu werden? Wenn Ihr Kind Ihre

Berufswelt kennen lernt, kann aus der täglichen Abwesenheit eine innere Anwesenheit werden, denn Ihr Kind kann Sie in seiner Phantasie begleiten. Abgesehen davon fühlt es sich ernst genommen. Söhne sehnen sich nach einem männlichen Gegenüber, das ihnen hilft, ein Mann zu werden. Töchter suchen bei ihrem Vater Bestätigung und wollen erleben, dass sie für das männliche Element in ihrer Weiblichkeit attraktiv und interessant sind. Einmal zu einer jungen Frau herangewachsen, müssen sie dieses Gespiegeltwerden nicht krampfhaft nachholen, nicht um jeden Preis die bewundernden Blicke von Männern auf sich lenken.

Oft wissen Väter gar nicht, wie wichtig sie für ihre Kinder sind, weil sie selber ihre Sehnsucht nach dem eigenen Vater »vergessen« haben. Zudem erleben sie häufig die innige Beziehung zwischen der Mutter und den Kindern als »Rauswurf«, sie fühlen sich überflüssig, ungenügend, weniger geliebt und ziehen sich kampflos zurück.

Ein Teufelskreis: Der abwesende Vater verstärkt dadurch nur noch das Band zwischen Mutter und Kind, weil sich beide allein gelassen fühlen.

Auch in der therapeutischen Arbeit mit Kindern halten sich die Väter bei der begleitenden Arbeit oft fern. Durch diesen Rückzug machen sie sich an dem seelischen Leid ihres Kindes mitschuldig.

Wenn Väter jedoch versuchen, mehr in ihre eigene Seele hineinzuhorchen, entdecken sie meist eine Fülle von tief vergrabenen Wünschen nach Zuneigung und Zärtlichkeit, sie sehnen sich dann nach mehr innerer Ruhe und Zufriedenheit. Oft haben mir Väter später eingestanden, dass sie sich fürchteten, in ihrem Beruf zu versagen, wenn sie ihren vertrockneten Gefühlsbrunnen wieder zum Fließen brächten. Ich habe aber keinen einzigen Vater erlebt, bei dem diese Befürchtung eingetroffen wäre.

69

Im Gegenteil, durch die Möglichkeit, emotional in der Familie auftanken zu können, wurden sie im Beruf sogar leistungsfähiger und konnten mit »gefülltem Tank« viel eher einmal eine berufliche Durststrecke durchstehen.

Die Angst vor der Schwäche

Vätern fällt es jedoch – wie ich vorher schon einmal erwähnt habe – auch aus einem anderen Grund noch schwer, sich helfen zu lassen. Das Aufsuchen eines Fachmannes bzw. einer Fachfrau bedeutet in ihren Augen noch mehr das Eingeständnis von Schwäche und Unsicherheit, als das bei Müttern der Fall ist.

Ich habe diverse Väter erlebt, die Sorge hatten, in den Augen ihrer Kinder – vor allem ihrer Söhne – als Schwächling und Versager zu gelten, wenn sie therapeutische Hilfe in Anspruch nahmen. Im Gegenteil! Dazu folgendes Beispiel:

Der siebenjährige Oliver wurde zur Therapie angemeldet, weil er oft einkotete und manchmal sein »Produkt« hinter dem Schreibtisch seines Vaters versteckte. Sein Vater, Herr Becker, war verständlicherweise entsetzt. All seine Erziehungsversuche, sowohl liebevolle wie sehr strenge, hatten keinen Erfolg. Oliver kotete trotzdem ein und setzte seine »Versteckspiele« fort. Was war die Ursache? Herr Becker war aufgrund seiner eigenen Erziehung ein Mann, der sich stets »im Griff hatte«, der sehr vernunftbezogen lebte und immer wusste, warum er etwas tat und warum nicht. Dementsprechend konnte er unsachliches, unvernünftiges Handeln, auch das seines kleinen Sohnes, nicht verstehen und nicht ertragen. So wurde Oliver häufig für seine unvernünftigen »Vergehen« verurteilt, gedemütigt und beschämt. Als dieser Konflikt für Oliver nicht mehr lösbar war, hat

70

seine Seele eine – wenn auch krankhafte – Lösung gefunden. Beim Einkoten konnte Oliver unkontrolliert sein, er hatte nämlich seinen Kot nicht »im Griff« und seinen Schließmuskel nicht unter Kontrolle. Gleichzeitig zeigte er seinem Vater auf indirektem Wege, dass ihm etwas stank! Außerdem machte er seinen Vater damit ohnmächtig. Er zwang ihn also zu einem »verdrängten« Gefühl und suchte damit Zugang zu den verborgenen Seelentränen seines Vaters. Da Oliver diese Gefühle auf spontane, offene Weise nicht leben durfte, musste seine weinende Seele diesen kranken, aber äußerst genialen Weg suchen, um sich ein Ventil zu schaffen.

Da ich Oliver in diesem Fall nur unter der Bedingung therapeutisch behandelte, dass sein Vater bereit wäre mitzuarbeiten, ließ sich Herr Becker widerwillig darauf ein. Mit zunehmender Vertrautheit und der Sicherheit, von mir nicht gescholten oder lächerlich gemacht zu werden, fand Herr Becker allmählich wieder Zugang zu seinen eigenen, inzwischen »vergessenen« und vertrockneten kindlichen Wünschen und Ängsten. Er erinnerte sich an viele Situationen, in denen er sich in der Beziehung zu seinem Vater unverstanden, beschämt und vor allem ohnmächtig gefühlt hatte. Indem er sich seiner eigenen vergessenen Wünsche und Ängste erinnerte, fand er auch Zugang zu der kindlichen Seite seines Sohnes und konnte eine vertrauensvolle Beziehung zu ihm aufbauen.

Dieses Beispiel soll Ihnen Mut machen, zusammen mit Ihren Kindern den Zugang zu Ihren in der Kindheit »verlorenen« Gefühlen zu suchen. Neben der guten Beziehung zu Ihrem Kind und Ihrer Partnerin wird auch Ihr eigenes Leben emotional reicher und befriedigender werden.

Wenn die Kinderseele weint – Über die Entstehung von Symptomen

Kein Grund zum Weinen?

Die sichtbaren Tränen eines Kindes verstehen wir alle sofort als Ausdruck von Schmerz und Kummer. Bei körperlichen Verletzungen oder Krankheiten lassen sich die Zusammenhänge meist sofort erkennen und Sie können als Eltern trösten und helfen. Auch die sichtbaren Tränen aus Trauer oder Wut sind leicht zu erkennen, solange Ursache und Reaktion nah beieinander liegen.

So z.B. wenn Ihr Kind weint oder schreit, weil Sie ihm beim Einkaufen im Supermarkt die Tüte Gummibärchen nicht kaufen wollen. Sie können sofort reagieren. Oder wenn Ihr Kind weint, weil ein liebes Spielzeug verloren gegangen oder zerbrochen ist, weil die kleine Freundin oder der kleine Freund keine Zeit zum Spielen hatte, weil die eigene Leistung (z.B. das gemalte Bild) nicht den kindlichen Wünschen entsprochen hat. Hier brauchen Sie vielleicht etwas Geduld, um der Ursache der Tränen auf den Grund zu kommen. Schwieriger wird es, wenn Kinder »ohne Grund« weinen, das heißt, wenn für Sie als Eltern oder Erwachsene der Grund nicht zu erkennen ist. Bei Säuglingen kommt es relativ häufig zu Situationen, bei denen Ihnen die Tränen schleierhaft sind. Das Baby ist satt, trocken, ausgeschlafen, gesund, und doch beruhigt es sich nicht. Was kann das nur bedeuten? Sie sind ganz auf Ihre Intuition an-

72

gewiesen, auf Ihre innere gute Beziehung zu dem Baby, um dessen Schmerz zu erspüren.

Es gibt zum Beispiel so genannte »Schreibabys«, die von ihren Eltern oft nicht zu beruhigen sind. Die Eltern halten sich dabei leicht für ungenügende und schlechte Eltern, »die nicht mal fähig sind, ihr kleines Baby zu beruhigen«. Zunächst macht diese Hilflosigkeit traurig, mit der Zeit oft auch wütend, und prompt entstehen neue Schuldgefühle, denn wie kann man auf ein so kleines Kind wütend sein! Keine Sorge: Man kann!

Außerdem zehren manchmal Babys derart an den Nerven der Eltern, dass zu der Verzweiflung auch noch die völlige Erschöpfung hinzukommt, die wiederum die Partnerschaft belastet, denn viel Kraft für die Sorgen des Partners bleibt da oft nicht übrig. Falls Sie solch ein Schreibaby haben sollten und sich zwischen Ihnen und dem Kind nach kurzer Zeit kein Gleichklang entwickelt, rate ich Ihnen, eine Beratungsstelle oder einen Kinder- und Jugendlichen-Psychotherapeuten aufzusuchen, um diesen Teufelskreis zu durchbrechen. Solch eine erschwerte Anfangssituation kann Ihre Beziehung zu Ihrem Kind und zu Ihrem Partner unnötig belasten, eine fachkundige Hilfe wird Eltern wie Kind Erleichterung bringen.

Die Ursachen für eine solch frühe Disharmonie zwischen Eltern und Kind sind so vielfältig, individuell unterschiedlich und meist mit unbewussten Wiederholungen aus Ihrer eigenen Kindheit verknüpft, dass ich hier nicht näher darauf eingehen kann. Sie werden aber vielleicht im dritten Teil den einen oder anderen Hinweis finden, der Ihnen den Weg weisen mag, um in Ihrer eigenen Seele auf die Suche zu gehen.

Wie schützt sich die Seele?
Abwehrmechanismen

Auch bei größeren Kindern, die – im Vergleich zum Säugling – sprechen können, gibt es seelische Tränen, deren Grund nicht direkt zu erkennen ist, da ihnen die eigentliche Ursache selbst nicht mehr bewusst ist. Unsere Seele besitzt die Fähigkeit, schmerzhafte Erlebnisse ins »Vergessen« zu rücken, sie zu »verdrängen«. Je jünger wir sind, desto weniger Möglichkeiten haben wir, seelische Schmerzen auszuhalten, bewusst zu durchleben und zu heilen. Als Säugling oder Kleinkind können wir Erlebnisse weder rational erklären, verstehen noch verarbeiten. Je kleiner ein Kind ist, desto mehr ist es zudem den Eltern und/oder anderen Pflegepersonen ausgeliefert. Es hat keine Wahl. Jedes Kind braucht die Liebe seiner Eltern als etwas ganz Notwendiges zum Leben. Je mehr wir uns von unseren Eltern geliebt fühlen, desto besser können wir uns entwickeln und desto mehr Kraft hat unsere Seele, mit Verletzungen fertig zu werden. Kleine Kinder tun also aus reinem Selbsterhaltungstrieb alles, um sich die Liebe ihrer Eltern zu sichern.

Wenn nun ein kleines Kind von seinem Vater oder seiner Mutter ungerecht und lieblos behandelt, vielleicht geschlagen oder allein gelassen wird, was soll es dann tun? Wenn ihm diese seelischen Wunden nur selten zugefügt werden, können die »blauen Flecken« in die vielen liebevollen Erlebnisse eingebettet werden und wieder ausheilen. Wenn aber auf die angeschlagenen Stellen immer neue Schläge treffen, dann muss die Seele des Kindes Gegenmaßnahmen ergreifen, um sich vor der Erkenntnis zu schützen, von den Eltern nicht ausreichend geliebt zu werden. Diese »gesunden« Gegenmaßnahmen nennen wir Abwehrmechanismen. Diese Abwehrmechanismen sind eine Art Pflaster. Sie narkotisieren den Schmerz seelischer Verletzungen und verbannen das Erlebte schließlich ins Unbewusste. Je häufiger die zugepflasterten Wunden erneut verletzt werden, desto dicker wird die Schutzschicht. Leider hat unsere Seele keine Möglichkeit, die Verletzungen gänzlich auszulöschen. Sie sind zwar an der Oberfläche nicht mehr sichtbar, aber sie eitern im Unbewussten weiter. Die Seele kann sie nur »ruhig stellen«, muss aber ständig auf der Hut sein, dass sie nicht erneut aufbrechen.

Die »eingesperrten Kellergeister« spuken weiter

Stellen Sie sich vor, unangenehme, traurige, verunsichernde Gefühle säßen wie kleine Teufel in dem Keller Ihrer Seele, wären im Unterbewusstsein eingesperrt. Je mehr Teufel dort toben, desto dickere Mauern sind notwendig und desto mehr müssen Sie fürchten, dass die vielen Teufel die Mauern sprengen könnten. Manchmal entschlüpfen einzelne Teufel und machen sich selbständig. Das zeigt sich dann, wenn wir zum Beispiel in bestimmten Situationen anders reagieren, als wir reagieren wollen. Die Teufelchen sind in diesem Augenblick nicht kontrollierbar.

Eins der gängigsten Rezepte gegen den unliebsamen Besuch eines Seelenteufels ist es, schnell an etwas Schönes zu denken, um die unangenehmen Gedanken oder Gefühle wieder »loszuwerden«. Solche Strategien sind durchaus gesund und notwendig, für Erwachsene wie für Kinder.

Problematisch wird es, wenn diese Abwehrformen nicht mehr unserem Willen unterliegen, wir die eigentliche Ursache nicht mehr spüren. Bis zu einem gewissen Grad leben wir alle mit solchen verschütteten Wunden und den schon längst nicht mehr bewussten Abwehrmechanismen. Wenn zum Beispiel jemand ständig beschäftigt ist, obwohl er sich gerne ausruhen möchte. Wenn eine Hausfrau täglich jedes Staubkörnchen wegwischt, da sie sonst keine Ruhe mehr findet. Wenn sich jemand ständig mit Arbeit so zudeckt, dass selbst bei totaler Erschöpfung keine Möglichkeit des Innehaltens mehr möglich scheint. Wenn der Fernsehapparat, das Radio, der Computer ohne Unterbrechung für eine Geräuschkulisse sorgen, scheint die Angst vor der Ruhe, vor der damit möglichen Wiederkehr des Verdrängten übergroß.

Die Zusammenhänge zwischen Abwehr und Angst sind den meisten von uns gar nicht mehr bewusst. Wir bilden uns ein, dass wir so viel arbeiten, weil die Firma uns nicht loslässt; wir putzen, weil die Wohnung ständig schmutzig ist; wir konsumieren pausenlos in unserer Freizeit, weil es eben so viel Interessantes zu sehen und zu hören gibt. In Wahrheit belügen wir uns andauernd, ohne es zu wissen. Leise Ahnungen um solche Lügen werden nach obigem Muster schnell wieder verdrängt.

Das Innehalten, die »Langeweile« könnten uns mit so unliebsamen Gefühle wie innerer Leere, Depression, Angst, Unzufriedenheit und Sinnlosigkeit konfrontieren. Deshalb müssen die Fernsehprogramme immer zahlreicher werden, das Freizeitangebot immer lückenloser.

In Momenten so genannter »Langeweile«, des Nicht-unter-Druck-Stehens regen sich nämlich die Kellergeister, das Schutzpflaster der Seele bröckelt.

Als ich einen sechsjährigen Buben mit Schlafstörungen fragte, was er mit seinem Ärger tue, sagte er, über die Frage gar nicht verwundert: »Den stecke ich unters Kopfkissen. Aber wenn es dann dunkel ist und alles so still, dann bekomme ich große Angst.«

»Vor dem Ärger?«

»Kann schon sein, der (der Ärger) rächt sich dann und macht mir Angst und lässt mich nicht schlafen.«

76

Dieser Sechsjährige hat den Mechanismus der Verdrängung und die Entstehung von den so genannten Symptomen wie Angst und Schlafstörungen genau auf den Punkt gebracht. Das Beispiel zeigt auch, dass bereits eine Verfremdung der eigentlichen Ursache – nämlich Ärger – stattgefunden hat.

Das nächste Beispiel aus der Erwachsenenwelt veranschaulicht, dass unsere Abwehrmechanismen mit dem Verhalten unseren Kindern gegenüber verknüpft sein können:

Herr Schulte geriet jedes Mal außer sich, wenn sein Sohn Florian mit einem Bleistift oder einem Lineal spielte. Er riss dem Neunjährigen die Gegenstände aus den Händen, schrie ihn an, drohte ihm mit Schlägen, wenn er sich nicht »beherrschen« könne. Keiner in der Familie begriff diese völlig überspitzte Reaktion. In Gesprächen während der Therapie begann der Vater sich wieder zu erinnern, dass er von seinem Vater mit einem Lineal geschlagen worden ist, wenn er am Tisch nicht still saß. Seine Seele hatte die ungerechten, demütigenden Schläge seines Vaters abgewehrt: Teils schienen sie vergessen, teils hatte Herr Schulte sie idealisiert, sich »schön gefärbt«, nach dem Motto »Ich werd's schon verdient haben«.

Und so war er natürlich auch der Meinung, dass sein Sohn es »verdiene«, von ihm gemaßregelt zu werden, wenn er »nervös« war. In Wirklichkeit hatte das Spiel mit dem Lineal den Vater wieder an seine alte Wunde erinnert, ohne dass ihm der Zusammenhang bewusst gewesen wäre. Die Verletzung aus der Kindheit war zwar aus seiner direkten Erinnerung verbannt worden. Doch als sein Sohn daran rührte, brach der verkapselte Eiter wieder auf, der Vater konnte sein Verhalten einfach nicht steuern.

Das Problem bei den Verbannungen ins Unbewusste ist – wie am Beispiel von Herrn Schulte gezeigt –, dass wir keinen direkten Kontakt und somit keine Kontrolle mehr über den verbannten Teufel haben. Wir erkennen ihn zunächst nicht einmal mehr, wenn er unverhofft ausbricht. Wie Herr Schulte suchen wir den Störenfried, den »Fehler« bei den anderen. Und so können kleine Schwächen der Kinder plötzlich zur Ursache für ein Gewitter werden, dessen Gewalt niemand verstehen kann und das Kind deshalb schutzlos trifft.

Uns Erwachsenen steht eine Vielzahl von Möglichkeiten zur Verfügung, unangenehme Gefühle abzuwehren. Wir können zur Not auch den Menschen, die uns Schmerz zufügen, aus dem Weg gehen oder uns von ihnen trennen.

Kinder dagegen sind abhängig von ihren Eltern und Erziehern. Je jünger sie sind, desto mehr sind sie ihnen ausgeliefert. Daher sind sie in viel stärkerem Maße mit Gefühlen von Hilflosigkeit, Ohnmacht und Abhängigkeit konfrontiert als wir Erwachsene. Kinder können ihre Eltern nicht austauschen oder ihnen ausweichen, weil sie nicht ohne sie leben können. Deshalb entwickeln Kinder ganz besondere Strategien und Abwehrmechanismen, um mit schmerzhaften Gefühlen leben zu können. Sie versuchen mit all ihrer kindlichen Kraft das Bild von den »liebevollen« und »gerechten« Eltern aufrechtzuerhalten. Tun wir das nicht selbst mit dem Bild, das wir von unseren eigenen Eltern haben?

Die Sprache der verletzten Seele

Eine der größten Selbsttäuschungen ist es, wenn wir glauben, dass keine Tränen mehr fließen. Dabei sind viele auffällige Verhaltensweisen wie überhöhte Aggressionen, Kontaktarmut, Isolierung, die Rolle als Klassenclown, auch Lügen und Stehlen, Lernstörungen intelligenter Kinder, große Unruhe (Zappelphilipp), Bettnässen, Stottern, Nägelbeißen, Einkoten und übermäßige Ängste nichts anderes als

Ausdrucksformen kindlicher Seelentränen. Die Seele hat ihre eigene Sprache, ihre Botschaft ist oft verschlüsselt. Doch wenn wir den Code erkennen, erhalten wir Auskunft über Verletzungen, die über unsichtbare Fäden mit den Eltern und Großeltern verknüpft sind. All die erwähnten Ausdrucksformen kindlicher Seelentränen können auch bei an sich seelisch »gesunden« Familien auftreten. Oft sind sie Zeichen für vorübergehende besondere Belastungen des Kindes, beispielsweise die Geburt eines Geschwisters, eine Ehekrise der Eltern, ein Schul-, Lehrer- oder Ortswechsel. Ebenso können sie Ausdruck sein für den Beginn einer neuen inneren Entwicklungsphase des Kindes, die zunächst wie alles Neue Angst auslösen mag. Wenn diese Auffälligkeiten vorübergehend auftreten und bei liebevoller Aufmerksamkeit bald wieder vergehen, hat das Kind mit Ihrer Hilfe das Problem gelöst und verarbeitet.

Wichtig ist, dass Sie die Symptome Ihres Kindes immer ernst nehmen. Viele Eltern glauben, dass die Ängste ihres Kindes nur schlimmer würden, wenn sie zu viel Beachtung fänden. Diese Sorge ist verständlich, aber sie trifft nicht zu. Stellen Sie sich vor, Sie selbst hätten Angst, dass ein Blitz in Ihr Haus einschlagen könnte oder – sehr aktuell – dass Sie Ihren Arbeitsplatz verlieren könnten.

Wenn Ihre Mitmenschen Ihre Angst übergehen und nicht beachten, dann werden Sie sich damit sehr allein und unverstanden fühlen, vielleicht sogar lächerlich vorkommen. Die Konsequenz ist, dass Sie diese Angst nicht mehr zeigen, sondern für sich behalten. Das führt jedoch nicht zu einer Heilung, sondern nur zu Verdrängung und Abwehr, bis Ihnen die eigentliche Ursache Ihrer Angst gar nicht mehr bewusst ist.

Sie sehen, aus welcher Situation heraus auch Ihre Seele zu weinen begann, der Teufelskreis ist stets der gleiche, wenn sie sich nicht offen ausweinen darf und getröstet wird.

79

Einzelne Ausdrucksformen verborgener Seelentränen

*I*m Folgenden möchte ich auf einige besonders häufige Formen kindlicher Seelentränen genauer eingehen. Mir sind diese »Symptome« in meiner Praxis immer wieder begegnet. Und die ursächlichen Leiden ähneln sich ebenfalls oft.

Das Kind ohne Freunde: Beziehungsstörungen

Zu Beginn des Lebens konzentrieren sich die Kontaktwünsche des Kindes vor allem auf die Beziehung zu den Eltern und zu anderen liebevollen Erwachsenen. Dieses frühkindliche Erleben und die jeweilige Qualität der Beziehung prägen einen Menschen für sein ganzes Leben. Wenn die Eltern oder die nächsten Bezugspersonen in ausreichendem und vor allem liebevollem Maße für die körperlichen und besonders die seelischen Bedürfnisse des Kleinkindes zur Verfügung stehen, werden diese Kinder für den Rest ihres Lebens eine gute Basis haben, auf der ihre weitere seelische Entwicklung aufbauen kann und die ihnen einen Schutz für seelische Belastungen und Verletzungen bietet. Diese Basis gleicht gewissermaßen einer inneren Matratze, die alle Stöße des Lebens weicher abfängt als beispielsweise ein Betonboden, den Sie bei Menschen finden, die diese frühe Wärme und Geborgenheit nicht bekommen haben.

Kinder brauchen bis zu ihrem dritten, vierten Lebensjahr ganz besonders viel Aufmerksamkeit und Liebe, um sich seelisch gesund entwickeln zu können. In dieser Zeit bildet sich das Fundament für die weiteren Stockwerke eines Hauses oder, wenn Sie ein anderes Bild wollen, die Wurzeln eines Baumes. Je besser er in der Erde verankert ist, desto üppiger werden sich Zweige und Blätter entfalten können.

Ist ein Kind in diesen frühen Jahren zu vielen Entbehrungen und zu hohen seelischen Belastungen ausgesetzt, kann es zu ersten Symptomen kommen. Kinder entwickeln sich dann eventuell langsamer, dem Baum fehlt sozusagen die gute Nahrung aus seinen Wurzeln, dem Haus das stabile Fundament, der Seele die weiche Matratze. Wohlgemerkt, es kommt nicht darauf an, dass Kinder äußerlich stets optimal versorgt sind, viel wichtiger ist, dass ihre Seele genügend gute Nahrung bekommt.

Oft sprechen seelisch unterernährte Kinder spät, wenig oder in schweren Fällen gar nicht. Sie weinen viel, leiden unter Blähungen, Bauchweh, sind anfälliger für Krankheiten als andere Kinder. Sie wirken häufig kränklich und blass. Kümmerlich wäre eigentlich das richtige Wort, denn hier ist bereits das Wort Kummer verborgen.

Der Kummer muss keineswegs immer von den Eltern (unbewusst) ausgelöst worden sein. Vielleicht hatte das Kleinkind bereits eine ernsthafte Krankheit, die Aufenthalte im Krankenhaus notwendig machte. Das hat oft eine längere Trennung von den Eltern zur Folge, die in diesen jungen, ersten Lebensjahren ganz besonders schlimme Wunden in der Seele des Kindes hinterlassen kann. Da man heute weiß, dass die körperliche Genesung des Kindes eng mit seiner seelischen Verfassung verbunden ist, erlauben fast alle Kliniken, dass Mütter oder Väter bei ihren Kindern auch über Nacht bleiben. Manchmal erleben Kinder die Scheidung

81

der Eltern und damit gravierende Trennungserlebnisse, die wiederum schlimme Narben hinterlassen.

Materiell können Kinder arm sein, solange sie sich bei ihren Eltern geborgen fühlen, verkraften sie äußere Hindernisse und Probleme relativ gut. Ich kann nicht genügend betonen, wie wichtig die liebevolle Beziehung zu den Eltern in diesen ersten Jahren ist. Fast alle Kinder, die – oft erst als Jugendliche – Hilfe in einer Therapie suchen, sind bereits in früherer Kindheit gravierend in der Seele verletzt worden.

Für eine gute Beziehung, auch das sei noch einmal unterstrichen, sorgt nicht allein die Menge der Zeit, die zum Beispiel die Mutter mit ihrem Kind verbringt, sondern die Qualität dieser Beziehung. Die »Chemie« muss stimmen. Die Mutter sollte die Seele des Kindes verstehen und dessen Wünsche ernst nehmen, was nicht heißt, sie erfüllen zu müssen.

So kann auch eine berufstätige Mutter ihrem Kind eine gute Mutter sein, wenn sie genügend innere Kraft für die doppelte Belastung hat und möglichst viel Unterstützung vom Vater des Kindes oder anderen kontinuierlichen Bezugspersonen bekommt.

Andererseits kann eine Mutter die Seele ihres Kindes stark belasten, obwohl sie »nur Hausfrau und Mutter« ist, wenn ihre eigene Seele leidet oder zu sehr gelitten hat. Sie kann sich den ganzen Tag um ihr Kind »kümmern« und ihm dennoch »Kummer« bereiten, ohne es zu wollen oder zu merken. Deshalb ist es so wichtig, die Botschaften aus der Kinderseele ernst zu nehmen, denn diese äußert sich, wenn Sie bereit sind, ihr zuzuhören.

Beispielsweise kann es ein Zeichen sich anbahnender Beziehungsstörungen sein, wenn Ihr Kind zu sehr an Ihnen klammert, immer nur an »Ihrem Rockzipfel hängt« und keinerlei Interesse an der Selbständigkeit oder an seiner Umgebung zeigt. Dies sollten Sie nicht als einen besonders innigen Liebesbeweis ansehen, sondern vielmehr hinterfragen, ob eventuell die Beziehung zwischen Ihnen und Ihrem Kind mit Ihren eigenen Bedürfnissen belastet ist.

Kinder lieben ihre Eltern über alles – dennoch wollen sie zunehmend auch ihre Umgebung kennen und lieben lernen. Je sicherer ein Kind sich in der Liebe der Eltern fühlt, umso selbständiger kann es die Welt entdecken.

Mit diesem Übergang von der innigen Zweisamkeit zwischen Mutter und Kleinkind (Symbiose) zu dessen zunehmendem Interesse an der Außenwelt, also am Vater, an anderen Erwachsenen und Kindern, haben viele Mütter, auch einige Väter, große Probleme.

Spätestens ab dem dritten Lebensjahr wünschen sich Kinder »Freunde«. Je älter sie werden, umso intensiver wird dieser Wunsch und umso wichtiger ist es für ihre weitere Entfaltung, Freunde zu finden. Nun gibt es zwar zweifellos zurückhaltendere und offenere Temperamente, doch Kontaktstörungen sind nie angeboren.

Sollte Ihr Kind keine gleichaltrigen Freunde haben oder finden, so liegt als Ursache häufig eine zu enge Bindung zwischen Mutter und Kind zugrunde.

Mütter haben oft so viel Sehnsucht nach Nähe, oft auch selbst noch eine zu enge Bindung an die eigene Mutter, dass sie ihre Kinder nicht wirklich von ganzem Herzen loslassen können. Das Kind spürt die Angst der Mutter und bleibt mit ihr verschmolzen, um der am meisten geliebten Person nicht wehzutun.

Sie sollten jetzt nicht ständig an der Echtheit Ihrer Gefühle zweifeln und sich auf Schritt und Tritt hinterfragen. Keine Sorge – wenn Sie Ihr Kind beobachten, werden Sie etwaige Anzeichen für eine zu enge Bindung an Sie als Mutter rechtzeitig erkennen. Auffällig wäre zum Beispiel, wenn Ihr Kind über längere Zeit isoliert ist, wenn es im Kindergarten nie zu Geburtstagen eingeladen wird, oft traurig nach Hause kommt und keine Lust oder sogar Angst hat, in den Kindergarten zu gehen. Sie beobachten vielleicht auch, dass kein anderes Kind bei Ihnen zu Hause anruft und mit Ihrem Kind spielen will. Oder Ihr Kind wird immer wieder gehänselt oder geärgert. In der Regel liegt das Problem dann nicht ausschließlich bei den anderen Kindern oder der Kindergärtnerin, sondern bei Ihrem Kind und seinem Verhalten, mit dem es sich unbewusst selbst isoliert, um bei Ihnen zu bleiben. Wenn es erreicht hat, zu Hause bleiben zu dürfen, mag es zunächst erleichtert sein. Aber seien Sie sicher: Im Grunde leidet Ihr Kind darunter.

Aus Angst, abgelehnt und zurückgewiesen zu werden oder die Mutter traurig zu machen, blockieren Kinder oft von sich aus den Kontakt zu anderen, um nicht erleben zu müssen, dass sie nicht in die Gemeinschaft aufgenommen werden. Die Sehnsucht nach Kontakt wird durch gegenteiliges Verhalten abgewehrt, weil die aktive Vorwegnahme dessen, was das Kind im Grunde fürchtet (die Isolation), etwas weniger wehtut.

Solche Kinder verhalten sich oft aggressiv, suchen Streit oder verhalten sich arrogant und hochnäsig anderen gegenüber. Auf diese Weise machen sie sich natürlich noch unbeliebter und verhindern, dass sich Freundschaften entwickeln.

Das Problem setzt sich leider meist in der Schule fort, wo dann Lernschwierigkeiten hinzukommen können, denn unglückliche Kinder können nicht gut lernen, auch wenn sie noch so intelligent oder begabt sind.

Wohin mit der Wut?
Aggressionsstörungen

Wie in der Geschichte von Thomas schon aufgezeigt, sind Aggressionen oft ein Schutz vor Verletzungen oder vor

Wünschen, die nicht mehr gezeigt und nicht mehr gespürt werden sollen. Aggressionen sind zunächst einmal etwas ganz Natürliches, denn jeder von uns hat Gefühle von Wut, Ärger, Hass und auch Zerstörungswünsche. Jede Gesellschaft hat unterschiedliche Vorstellungen über die adäquaten oder inadäquaten Ausdrucks- und Umgangsformen mit solchen Gefühlen. Wir alle mussten lernen, unseren Umgang mit ihnen den vorgegebenen Normen anzupassen. Und ebenso müssen es unsere Kinder.

Wie verhält es sich nun, wenn Kinder zu übermäßigen Aggressionen neigen?

Heutzutage ist die Zunahme von Aggressionen und offener Gewalt bei Kindern nicht umsonst zum Thema – auch der Medien – geworden. Eltern, Pädagogen und Therapeuten machen sich Gedanken über die Ursachen. Aggressionsstörungen können sich zu Beginn innerhalb der Familie zeigen. Kinder fangen an, gehäuft ihr Spielzeug zu zerstören, schreien und toben bei jeder Kleinigkeit, sind unzugänglich, verbockt und aufsässig. Es ist schwer, hinter diesem aggressiven Verhalten eine Not zu ahnen. Dennoch können Sie sicher sein, dass hinter jedem für Sie unverständlichen aggressiven Verhalten eine innere Not und Hilflosigkeit versteckt sind. Vielleicht werden Sie jetzt sagen: »Das verstehe ich nicht, denn mein Kind kann mir doch alles sagen, dann werde ich Verständnis haben.« Das glaube ich Ihnen, nur bedenken Sie, dass Kinder naturgemäß unterlegene und hilflose Wesen sind. Aggressionen lassen sie stärker aussehen als das Zugeben von Schwächen wie Eifersucht oder Neid. Denken Sie mal an sich selbst: Wenn Sie eifersüchtig sind auf Ihren Partner, zeigen Sie es ihm oder ihr direkt? Oder versuchen Sie Ihr »schwaches«, unangenehmes Gefühl hinter einer Maske von Stärke zu verbergen? Wissen wir nicht alle, wie schwer und mit wie viel Scham das Zugeben von Schwächen ist? Von unseren Kindern erwarten wir es aber!

85

Darüber hinaus bin ich der Überzeugung, dass es keine kindliche Ausübung von roher Gewalt gibt, ohne dass das Kind selbst in relativ intensiver Weise Gewalt erlebt hat. Damit meine ich nicht nur körperliche Gewalt. Jede Art von blinder Machtausübung ist Gewalt, wie ich es an anderer Stelle schon ausgeführt habe (vgl. *Beziehung statt Erziehung*).

Auch außerhalb der Familie werden unsere Kinder täglich mit Gewalt konfrontiert, sie begegnet ihnen in allen Medien: Sie sehen sie an jedem Kiosk auf den Titelseiten schamlos abgebildet, sie sehen und hören von ihr im Fernsehen – schon in den Nachrichten –, ganz zu schweigen von dem Überangebot an gewalthaltigen Filmen. Kriminalfilme zählen zu den liebsten Unterhaltungsfilmen der Erwachsenen! Kinder fühlen sich verwirrt durch die unterschiedlichen Maßstäbe, mit denen unsere Gesellschaft Gewalt beurteilt. Wieso sind die Eltern von Morden und brutalen Schlägereien im Fernsehen fasziniert, über die handgreifliche Auseinandersetzung ihres Sohnes mit dessen Schwester, dem Bruder oder dem Freund aber entsetzt?

Im persönlichen Umgang nimmt die Gewalt zu, Auseinandersetzungen werden immer aggressiver. Wieso darf der Vater die Mutter oder die Kinder anbrüllen oder sogar schlagen?

Hinter all der zunehmenden Gewalt verbergen sich Ohnmacht und Verzweiflung, aufseiten der Kinder wie auch der Erwachsenen. Aber wenn es um unsere Kinder geht, haben wir Erwachsene kein Recht, die Augen zuzumachen. Wir dürfen nicht erst dann aktiv werden, wenn unsere Kinder sexuell missbraucht oder brutalen Gewalttaten ausgesetzt werden, wenn ein Kind das andere fast zu Tode geprügelt oder gequält hat. Wir müssen sensibler werden für die vielen »alltäglichen« gewaltsamen Situationen, die unseren Kindern schaden, eben weil sie heute schon selbstverständlich

86

hingenommen werden. Außerdem sollten wir uns mit den Bedingungen auseinander setzen, mit denen unsere Kinder konfrontiert werden und die indirekt ebenfalls Aggressionen schüren. Der Lebensraum unserer Kinder wird immer enger, sowohl innerhalb der Familien als auch außerhalb. Freies Spielen und Sich-Austoben sind kaum noch möglich, aber für Kinder zu ihrem seelischen Wohl unerlässlich. Das Kinderzimmer wird überfüllt mit Spielmaterialien, die keinen oder wenig Raum lassen für Kreativität und Phantasie. Spielmaterial ersetzt Beziehung zu Menschen. In Kindergärten und Schulen fehlt angeblich das Geld für entsprechendes Personal, und so werden zu viele Kinder von zu wenigen und völlig überforderten Erziehern und Lehrern betreut. Unterrichtsstunden für Kreativität und Bewegung werden gekürzt. Gefragt sind seelenleere Computerstunden mit Haltungsschäden als Folge.

Immer mehr Familien brechen auseinander, die Kinder werden aufgeteilt oder bei Streitigkeiten – Gewalt zwischen den Ehepartnern! – hin und her gerissen. Zu jung, um die Probleme ihrer Eltern zu verstehen, fühlen sie sich schuldig und unfähig, ihre Eltern glücklich zu machen beziehungsweise in Liebe zusammenzuhalten.

Auch wenn Eltern keine oder zu wenig Zeit für ihre Kinder haben, sie Heimen, Tagesstätten oder anderen Betreuungspersonen anvertrauen, glauben Kinder, dass sie weniger wertvoll seien als andere Kinder. Dieses Minderwertigkeitsgefühl macht diese Kinder anfällig für alles, was Anerkennung verspricht – leider auch für Gruppen, die mit äußerlicher Macht und Stärke ihre Minderwertigkeitsgefühle abwehren wollen.

Ein Junge, der einer Schlägerbande angehört hatte, hat mir später in der Therapie gesagt: »Wenn die anderen mich schon nicht lieben, dann sollen sie wenigstens Angst vor mir haben.« Statt Liebe Angst, statt Ohnmacht Macht. Körperliche Kraft und Überlegenheit sollen über die innere Unsicherheit hinwegtäuschen, nicht nur gegenüber anderen, sondern auch vor sich selbst. Ein uralter Mechanismus, mit dem sich einzelne Menschen jeden Alters und ganze Gesellschaften über ihre vermeintliche Wertlosigkeit hinwegtäuschen wollen. So verbirgt sich meist hinter den vielen Grausamkeiten eine kleine, verkümmerte, vor lauter Seelenschlägen taub gewordene Seele, die weder die eigenen Wunden noch die anderer spüren kann.

Durchbrechen lässt sich dieser grausame Teufelskreis meist nicht mit Strafen, sondern nur mit viel Liebe und Vertrauen, auch wenn das oft sehr schwierig ist. Kinder machen es auch Erwachsenen, die ihnen wirklich helfen wollen, nicht leicht. Unsere Gesellschaft beschwert sich über die aggressiven Kinder, ohne in den Spiegel zu schauen und sich zu fragen, was wir für unsere Kinder und deren Seelenwohl tun. Wenn wir die Gefühle unserer Kinder verletzen, sie verarmen und abstumpfen lassen, dürfen wir uns da wundern, wenn sie dann wirklich gefühlskalt scheinen und entsprechend handeln?

Wenn unsere Kinder nicht mehr selber fühlen dürfen, können sie auch kein Mitgefühl entwickeln und gehen entsprechend gefühllos mit Gleichaltrigen oder Erwachsenen um.

Ich habe häufig beobachtet, dass ein Kind nicht mehr spürt, wenn es anderen Kindern wehtut. Wenn Erwachsene (Eltern, Erzieher, Lehrer, Politiker) zulassen, dass die Seele unserer Kinder Verletzungen ausgesetzt ist, dass sie taub wird, dann entwickelt sich die an sich normale Aggressivität zur Brutalität und Kriminalität.

Oft ist es schwierig, hinter dem zerstörerischen Verhalten von Kindern noch deren verletzte Seele zu erkennen, aber es gibt sie immer, ebenso wie bei Erwachsenen, wenn sie gefühllose und brutale Gewalt ausüben.

88

Es gibt leider keine politische Interessenvertretung für Kinder. Außer ihren Eltern und Erziehern haben Kinder keinen Anwalt. Väter und auch einige Mütter sitzen jedoch an Schaltstellen öffentlicher Macht. Wenn sie sich nicht zum Anwalt unserer Kinder machen, wer dann?! Leider können Kinder noch nicht wählen, sonst würden sich manche Politiker anders entscheiden. Aber wir alle können und sollten mitentscheiden!

Gewalt gegen die eigene Seele

Aggressionen lassen sich leicht erkennen, solange sie sich nach außen wenden. Aber es gibt auch Gewalt, die nach innen gerichtet ist und die, je nach Intensität, die eigene Person beschädigt oder sogar zerstört.

Es gibt Kinder, die sich ständig verletzen, die auffällig oft hinfallen, die Hindernisse zu spät sehen oder gar nicht beachten, von Kletterstangen, Leitern oder Bäumen purzeln und viel häufiger als andere Kinder mit eingegipsten Gliedmaßen und dicken Verbänden herumlaufen. Auch Fahrrad- oder Straßenunfälle können auf Selbstverletzungstendenzen hinweisen, wenn sie gehäuft auftreten. Es zeigt auf jeden Fall, dass diese Kinder nicht sorgfältig und gut genug auf sich aufpassen können. Solche Kinder sind oft abgelenkt, nicht bei der Sache, unkonzentriert.

Wenn Sie an die eingesperrten Kellergeister, also an die verdrängten unangenehmen Gefühle denken, so kann das heißen, dass diese Kinder zu sehr mit seelischen Konflikten belastet sind und nicht genügend inneren Freiraum haben, um ihre Aufmerksamkeit ausreichend ihrem momentanen Tun zu widmen. Da sie sich damit aber selbst schaden, gibt es in der Regel einen Zusammenhang mit ärgerlichen und wütenden Gefühlen, die den eigentlichen Adressaten nicht erreicht haben und daher wie ein Bumerang zum Absender zurückkehren.

Ich habe in meiner Praxis Kinder erlebt, die sich selbst schlimme Verletzungen zugefügt, die sich selbst geschlagen haben, mit dem Kopf gegen Wand oder Boden hauten, sich blutig kratzten, sich schnitten, sich die Haare ausrissen usw. Ihr Verhalten war für sie die einzige Möglichkeit, ihren angestauten Gefühlen von Ärger, Wut, Enttäuschung und Ohnmacht ein Ventil zu verschaffen.

Auch schwere Essstörungen wie die kindliche Magersucht sind eine Form der inneren Selbstzerstörung. Ebenso können Krankheiten, beispielsweise ständiges Bauchweh, Kopfschmerzen oder andauernde Erkältungen eine Form der Aggression sein. Der Körper schmerzt, die Seele weint, weil sie keinen adäquaten Ausweg gefunden hat für ihre schmerzenden Gefühle. Meist bedeutet das, dass das Kind in seiner nahen Umgebung zu wenig Verständnis für seine Gefühle gefunden hat oder sogar für solche Gefühlsäußerungen bestraft wurde.

Ängste

Jeder Mensch kennt Angst. Sie ist ein wichtiges Signal, das uns vor Gefahren warnt und uns alarmiert, sie zu meiden oder uns ihnen gegenüber zu wappnen. Hätten Sie beispielsweise als Autofahrer keine Angst vor Unvorhergesehenem, wären Sie nicht aufmerksam genug und liefen Gefahr, ein Verkehrsopfer zu werden.

Unsere Kinder, die wesentlich schwächer und schutzloser sind als wir Erwachsene, müssen also gesunderweise viele Ängste haben: Angst vor fremden Menschen, Angst vor dem Alleinsein, Angst vor bestimmten Tieren, Angst im Dunkeln, Angst vor schlimmen Träumen, Angst vor Einbrechern, Angst vor neuen und fremden Situationen wie Kindergarten, Schule, Angst vor dem Versagen usw.

Die meisten dieser Ängste sind ganz »normal« und sehr verständlich. Wenn Sie als Erwachsene die Ängste des Kindes ernst nehmen, also nicht lächerlich machen, wenn Sie das Kind trösten und mit der Realität vertraut machen, dann werden diese Ängste wieder vergehen. Es gibt aber auch Ängste, bei denen Sie aufhorchen sollten, weil Sie Anzeichen für tiefer liegende Probleme und andere Ängste des Kindes sein können: z.B. Angst, verfolgt zu werden; Angst, von einer Spinne getötet zu werden; Angst vor geschlossenen Räumen; Angst in Fahrstühlen oder Sesselbahnen; Angst vor Schmutz, Bakterien oder schlimmen Krankheiten; Angst vor dem Sterben; Angst, das Haus zu verlassen; Angst, in den Kindergarten, in die Schule zu gehen, um nur einige zu nennen. Hier handelt es sich meist um Ängste, die keinen realen und verständlichen Zusammenhang mit der Außenwelt und dem Erlebten mehr haben. Die Angst kann schon eine Verpackung sein, eine Abwehr von anderen Konflikten, die wahrscheinlich noch mehr Angst und Schmerz verursachen würden als die bewusst erlebte Angst.

Ängste können auch verkleidete, ins Passive umgewandelte Aggressionen sein. Wenn Kinder den Umgang mit ihrem Ärger und ihrer Wut nicht lernen konnten, wenn sie diese Gefühle entweder zu sehr unterdrücken müssen oder umgekehrt keinerlei Begrenzung dafür erlebt haben, können ihnen diese Gefühle große Angst machen. Und diese Angst mag sich dann in Spinnenträumen, Platzangst usw. symbolisieren.

Auch die vielen Eindrücke, mit denen die Kinder durch das Überangebot an Reklame, Spielzeug und Freizeit überflutet werden, belasten die Kinder, da sie gar nicht in der Lage sind, all die Eindrücke zu verarbeiten. Wenn sie nicht

91

ausreichend Gelegenheit haben, über das Gesehene, Gehörte und Erlebte mit vertrauten Erwachsenen zu sprechen, können diese unverarbeiteten Eindrücke in der Seele des Kindes Unsicherheit und diffuse Ängste verursachen.

Ich kann Sie in diesem Zusammenhang nur vor wahllosem Fernsehkonsum und mangelnder Austauschmöglichkeit mit einem Erwachsenen warnen. Ich weiß, dass der Fernsehapparat oder auch die vielen Computerspiele bequeme Baby- oder Kindersitter sein können, aber der Schaden, den Sie damit bei Ihrem Kind anrichten können, kann sehr groß sein.

Meist sind die Verkleidungen und Abwehrmechanismen der Seele so kompliziert, dass es besser ist, bei gravierenden Ängsten psychologisch geschulte Ärzte oder einen Kinderpsychotherapeuten aufzusuchen, da sie sich mit den Irrwegen der Seele und deren Ängsten auskennen. Es muss nicht immer eine Therapie stattfinden. Schon ein beratendes Gespräch klärt vielleicht einige Fragen und Missverständnisse, so dass Sie selbst Ihrem Kind weiterhelfen können.

Zwänge

Sie kennen bereits die Mechanismen der Abwehr. Wenn die eingesperrten Kellergeister aber einfach keine Ruhe geben wollen, wenn die Mauern immer wieder einzustürzen drohen und wenn die Deiche dem inneren Druck nicht mehr standhalten können, dann werden immer mehr und immer neue Ziegelsteine und Sandsäcke gebraucht, um vor der Überflutung zu schützen. In der Sprache der Seele sollen dann so genannte Zwänge den Ausbruch des Verdrängten verhindern und die entsprechende Angst im Unbewussten halten. Ständiges Kontrollieren, ob auch niemand unter dem Bett, im Schrank, im Zimmer ist, ob die Tür auch wirklich verschlossen, das Licht, der Herd ausgeschaltet ist, kann einen solchen Zwang darstellen.

Ebenso ein dauerndes Sich-waschen-Müssen, unabhängig davon, ob die Hände wirklich schmutzig sind oder nicht, sowie ein ununterbrochenes Zählen- oder Fragenmüssen, obwohl es nichts zu zählen oder zu fragen gibt.

Viele magische Rituale sollen dazu dienen, den Fluch der bösen Geister mit Zauberkraft zu bannen. Sie alle kennen solche Formeln von der schwarzen Katze, dem nächsten roten Auto usw. Sobald diese Vorstellungen und Zauberwünsche jedoch nicht mehr dem Willen unterliegen, also nicht mehr unterlassen werden können, wenn sie sich verselbständigen und schreckliche Bedrohungen nach sich ziehen, leidet das Kind unter Zwangsvorstellungen. In einem solchen Fall sollten Sie unbedingt sofort ärztliche und psychotherapeutische Hilfe suchen, da es sich hier um eine sehr schwere seelische Erkrankung handelt.

Gefangen in einem dunklen Loch: Depressionen

Es wird viel über Depressionen gesprochen und geschrieben. In der Regel beschäftigen Depressionen uns erst im Erwachsenenalter, wenn wir selbst – manchmal für Stunden, manchmal für längere Zeiträume – dieses lähmende Gefühl von innerer Leere, Lust- und Sinnlosigkeit, von mangelnder Freude und Lebenslust wahrnehmen, ohne mit dem Willen dagegen anzukommen. Aber auch Kinder können bereits depressiv sein oder erste Anzeichen entwickeln. Auffällig ist hier das sehr angepasste, das besonders artige Kind, das von Beginn seines Lebens an darauf konzentriert ist, die Wünsche seiner Eltern und später auch seiner Lehrer zu erfüllen. Für uns Erwachsene sind diese

Kinder besonders angenehm, denn sie sind »pflegeleicht« und machen uns wenig Sorgen. Auch für die Gesellschaft sind diese Kinder liebenswerte Zeitgenossen. Jedoch sollte für Sie als Eltern ein zu liebes und angepasstes Verhalten Ihres Kindes gerade Anlass zur Sorge sein, denn diese Kinder entwickeln ein Ich, das nicht aus ihren ureigenen Gefühlen und Fähigkeiten gespeist wird, sondern aus denen anderer Menschen. Sie können zu wenig Eigenes und Individuelles entwickeln, wozu auch Gefühle wie Zorn, Wut und Ärger gehören, weil diese Gefühle nur dann entstehen, wenn verschiedene Interessen und Wünsche aufeinander treffen. Fehlen diese so genannten »unangenehmen« und nicht »pflegeleichten« Gefühlsäußerungen aber, dann bedeutet dies, dass das Kind seine Eigenarten entweder gar nicht entwickeln konnte oder schon gelernt hat, sie zu »verdrängen«!

Der Preis ist zu hoch, denn dies ist die Wurzel für die Entstehung von Depressionen. Das Innere des Kindes ist nicht mehr angefüllt mit lebendigen eigenen Gefühlen, sondern es hat denen anderer Menschen Platz gemacht und ist wie tot. Daher sind diese Kinder oft emotional viel schwerer krank als so genannte auffällige Kinder, die äußere Symptome entwickeln. Depressive Kinder rebellieren nicht einmal mehr auf indirekte Weise wie diese.

Leider werden solche Kinder auch nur selten zu uns in die Behandlung gebracht, denn wer merkt schon, dass gerade die zu lieben und braven Kinder krank sind?

Manchmal werden angepasste Kinder als Jugendliche plötzlich »auffällig«. Sie werden dann häufig entweder völlig rebellisch, schlagen also ins Gegenteil um, oder sie entwickeln so genannte autoaggressive, also sie selbst schädigende Symptome. Im Jugendlichenalter werden entwicklungsbedingt die Wünsche nach Individualität und nach Selbständigkeit erneut besonders stark. In dieser Phase kann es also

94

geschehen, dass die bisher »erfolgreich« angewandten Mechanismen zur Unterdrückung der eigenen Gefühle und Bedürfnisse nicht mehr ausreichen und das bisher »völlig problemlose« Kind nun doch zu einem »schwierigen« Jugendlichen geworden ist. Sie sollten froh sein, denn jetzt bekommt es immerhin eine Chance!

Begabt und doch nur schlechte Noten: Lernstörungen

Lern- oder Leistungsstörungen sind für Eltern häufig ein Grund, ihr Kind bei einem Kindertherapeuten vorzustellen. Offenbar ist das für viele Kinder eine Möglichkeit, ihre Eltern wachzurütteln.

In diesem Zusammenhang möchte ich unterscheiden zwischen den Lernschwierigkeiten, die Kinder haben, wenn sie von ihren Eltern überfordert werden und aus Prestigegründen aufs Gymnasium gehen müssen (obwohl ihre Intelligenz und ihre Interessen dafür nicht geeignet sind), und den Kindern, die sehr begabt sind, jedoch trotz Fleiß und Mühe plötzlich in der Schule versagen. Nachhilfestunden, Ermahnungen und Strafen sind vergeblich. Die Schulnoten sind und bleiben schlecht.

Sie alle wissen, dass familiäre Belastungen wie Scheidung, Krankheiten oder gar Tod jedes Kind vorübergehend so sehr belasten können, dass für das Lernen keine Kraft mehr bleibt. Es kann aber auch andere Gründe für ein solches »Symptom« geben.

So kann ein kluger Kopf dazu dienen, eine traurige und leidende Seele zu »vergessen«. Diese Kinder entwickeln dann sehr früh eine besonders gute Leistungsbereitschaft, sie können besser und früher sprechen, lesen, schreiben und vor allem rechnen als andere Kinder. Sie glänzen in den

95

ersten Schuljahren mit ausgezeichneten Leistungen und ernten dafür sowohl von ihren Lehrern als auch ihren Eltern viel Lob und Anerkennung. Dabei haben die Erwachsenen eventuell übersehen, dass das Kind stiller und zurückgezogener ist als andere, dass es blass und zart aussieht, dass es wenig oder keine Freunde hat. Manchmal hat das Kind sogar schon mit anderen »Symptomen« vorübergehend versucht, auf sein Leiden aufmerksam zu machen. So haben mir Eltern manchmal die lange Leidensgeschichte ihres Kindes erzählt, ohne dass sie die Leiden wirklich wahrgenommen hätten.

Die Eltern des neunjährigen Florian berichteten, dass er mit vier Jahren gestottert und mit sechs Jahren zusätzlich eingekotet hat. Beide Eltern hatten Florians Not aber nur als den Ausdruck von Ärger gegen sie verstanden: »Der wollte uns nur provozieren. Wir haben das nicht ernst genommen und gewusst, dass es wieder vergeht, wenn wir gar nicht darauf eingehen.« Jetzt war Florians Übertritt ins Gymnasium gefährdet, obwohl er – wie seine Lehrer bestätigten – ein besonders intelligenter Junge war. Dies beunruhigte die Eltern sehr, denn beide waren akademisch gebildet und wollten ihren Sohn unbedingt auf dem Gymnasium wissen. Florian hat also verschiedene Auffälligkeiten entwickeln müssen, damit seine Eltern ihm Hilfe gewähren konnten. Ebenso wie hier in diesem Beispiel haben viele Kinder in ihrer frühen Entwicklung zu wenig seelische Fürsorge und Aufmerksamkeit erfahren, einen Mangel, den sie mit ihren tollen Leistungen »vergessen« haben, weil sie dafür sehr gelobt worden sind.

Stellen Sie sich vor, Sie wollen ein Haus bauen, das nicht unterkellert ist. Bei einem niedrigen Bungalow mag es gerade ausreichen. Wenn Sie aber ein Hochhaus bauen wollen, wird das ohne tiefes Fundament nicht klappen. Und genauso verhält es sich mit dem Lernen. Bis zum ersten

96

Stockwerk klappt es meist noch recht gut, aber dann wackelt das Gebäude und stürzt eventuell sogar ein.

Viele Eltern achten zu sehr auf das Können und Wissen ihrer Kinder und setzen sich damit selbst unter Leistungsdruck. Ohne seelisches Fundament und ohne eine zufriedene Seele kann aber kein Kind seine intellektuellen Begabungen auf Dauer entwickeln.

Ein weiterer – häufig erlebter – Grund für ein schulisches Versagen kann der Wunsch des Kindes sein, die Aufmerksamkeit der Eltern auf sich zu lenken. Vielfach richten sich die Hilferufe an die Väter, damit sie wenigstens mit den Kindern lernen, wenn sie schon sonst keine Zeit für sie haben.

Es kann aber auch sein, dass ein Kind zu unselbständig ist, um in der Schule eigene Leistung zu zeigen. Solche Kinder sind meist besonders verwöhnt und eng an ihre Familie – vor allem die Mutter – gebunden. Ihre Mütter haben ihnen alles abgenommen und damit die Möglichkeit entzogen, sich selber durchbeißen zu lernen und die Fähigkeit zu entwickeln, sich etwas selbst zu erarbeiten. Diese Mütter sitzen beim Lernen auch immer neben ihren Kindern, weil sie glauben, dass es ohne sie nicht klappen kann. In der Schule muss es aber ohne Eltern funktionieren. Diese Kinder haben dann zu wenig Selbstbewusstsein erwerben können, sie trauen sich ohne ihre Mütter nichts zu und sitzen hilflos vor ihrem Heft.

Es gäbe noch viele Gründe, die ich nennen könnte. Mit meinen Beispielen will ich Sie lediglich darauf aufmerksam machen, dass die Seele eines Kindes auch mit seinem Kopf in Verbindung steht, dass eine gute Schulleistung schwer auf der Basis einer kranken oder leidenden Seele aufzubauen ist. So kann das Versagen in der Schule eine Alarmglocke dafür sein, dass Sie sich als Eltern eher um das seelische Wohl Ihres Kindes Sorgen machen sollten, als nach Nachhilfelehrern Ausschau zu halten. Die Lehrer Ihrer Kinder sind meist überfordert, nach Ursachen für die plötzlich verschlechterten Schulleistungen ihrer Schüler zu forschen. Aber auch sie sollten meines Erachtens zumindest das persönliche Gespräch mit dem Kind und den Eltern suchen, um eventuell die eine oder andere Information über den familiären Hintergrund zu erfahren und im Kontakt mit den Eltern Hilfsquellen anzubieten.

Die Beine können nicht stillhalten: Der Zappelphilipp

Viele Eltern klagen heute darüber, dass ihr Kind ständig unruhig und zappelig sei und keine Ruhe fände. Das so genannte hyperkinetische Syndrom ist in aller Munde. Wissenschaftler, Ärzte und Psychologen beschäftigen sich mit dieser Krankheit und sind sich noch nicht genau im Klaren darüber, ob kleine hirnorganische Defekte oder psychogene Ursachen zugrunde liegen. Meiner Ansicht nach können beide Faktoren ineinander greifen.

Jedenfalls sollten Sie bei extremer Unruhe und Konzentrationsschwäche Ihres Kindes Ihren Kinderarzt zu Rate ziehen. Er wird Sie über die möglichen organischen Hintergründe aufklären. Ich beziehe mich hier auf psychische Ursachen, wie ich sie in meiner Praxis besonders häufig erlebt habe.

Ich habe bei der Arbeit mit unruhigen Kindern immer wieder beobachtet, dass sie unter einer enormen inneren Spannung stehen, die sie mit ihrer Zappelei und mit ihrem Ständig-in-Bewegung-sein-Müssen abwehren. Auch hier ist ihnen die Ursache der seelischen Angespanntheit nicht mehr bewusst.

Sie selbst kennen sicher das Gefühl, innere Spannungen durch äußeres Handeln abbauen zu wollen. Sei es, dass Sie

98

sich in einer Frustsituation etwas Schönes, dabei meist Unnötiges kaufen; sei es, dass Sie sich betont in die Arbeit vergraben. Sie fühlen sich ständig unter Druck, etwas Unerledigtes noch erledigen zu wollen oder zu müssen. Sie hoffen, die inneren Probleme auf solchen Nebenschauplätzen lösen zu können. Ebenso kann es unseren Kindern ergehen.

Ein weiterer Grund für die innere Nervosität ist auch hier wieder die Fülle von Außenreizen, mit denen die Kinder heutzutage von klein auf überflutet werden. Zum Beispiel die ständige Geräuschkulisse von Straßenlärm, Radio, Fernseher usw. Sie werden beim Fernsehen – wie bei den Ängsten schon erwähnt – außerdem mit einer Schnelligkeit von Bild- und Tonwechseln konfrontiert, die sie allein nicht verarbeiten können. Sie werden ohne Pausen mit Reklame bombardiert, deren Inhalte sie als Reize erleben, die sie aber noch nicht verstehen und deren Wirkungen sie nicht durchschauen und daher auch nicht verdauen können.

Vorschulkinder werden heute außerdem schon mit einem Überangebot an Freizeitgestaltung überschüttet, sei es, dass sie in die Mal- oder Töpferstunde gebracht werden, sei es, dass sie am Ballett- oder Musikunterricht, an Reit-, Tennis- oder Golfstunden teilnehmen sollen. Es gibt eine solche Vielzahl an Kursen und Vereinen, dass die Mütter selbst manchmal völlig erschöpft sind von den Terminen ihrer Kinder.

Ich bin keineswegs ein Gegner dieser Freizeitförderung, nur muss es ja nicht alles auf einmal sein, und es sollte auch auf die Persönlichkeit des Kindes abgestimmt sein.

Kinder selbst sind mit der Wahl überfordert. Wichtig ist, dass Sie als Eltern bei sich und bei den Kindern darauf achten, dass es noch genügend Freiräume hat, denn nur aus der vorübergehenden Leere und Langeweile kann eigene Kreativität entstehen. Außerdem brauchen Kinder ebenso

99

wie wir Erwachsene viele Momente der Stille, um all die Eindrücke des Tages verarbeiten zu können.

Sie kennen alle die nervende Frage »Was soll ich denn jetzt machen?«. Halten Sie mit Ihrem Kind einmal Langeweile aus und animieren Sie es nicht gleich mit Ihren Ideen! Sie und Ihr Kind werden erleben, dass dadurch wesentlich mehr innere Ruhe und Ent-spannung(!) entstehen werden.

Als letzten Punkt möchte ich in diesem Zusammenhang auf den Bewegungsmangel unserer Kinder zu sprechen kommen. Sie sitzen beim Essen, sie sitzen vor dem Computer, sie sitzen vor dem Fernsehen, sie sitzen mit ihrem Gameboy, sie sitzen und sitzen fest. Unsere immer dichter zugebauten Städte und unsere kleinen Wohnungen engen den Bewegungsraum unserer Kinder enorm ein. Große Wohnungen oder Ferienwohnungen auf dem Land können sich in der Regel nur Doppelverdiener ohne Kinder leisten. Wenn Kinder in den U-Bahnhöfen oder auf Bordsteinwegen mit ihren Rollerscates oder Skateboards dahinbrausen, ecken sie wiederum bei uns Erwachsenen an. Freie Plätze aber sind mit Autos zugeparkt. Stadtkinder haben es heute äußerst schwer.

Was tun wir Erwachsene eigentlich, um unseren Kindern zu helfen? Die Frage gilt für alle, gerade auch für diejenigen, die keine Kinder haben oder deren Kinder bereits erwachsen sind. Auch Enkelkinder, Kinder von Freunden, alle Kinder brauchen eine lebenswerte und kindgerechte Zukunft.

So, wie ich bin, mag mich keiner: Lügen

»Lügen haben kurze Beine«, heißt ein Ihnen sicher bekanntes Sprichwort, das uns sagen will, dass Lügen meist nicht an das gewünschte Ziel führen. Nur, warum lügen dann Kinder – und auch Erwachsene! – so häufig?

Mal ganz ehrlich: Wie oft haben Sie schon gelogen? Und noch etwas ehrlicher: Wie oft lügen Sie noch immer? Bitten Sie nicht auch häufig eines Ihrer Kinder, wenn das Telefon läutet und Sie gerade beschäftigt sind oder den Teilnehmer am anderen Ende nicht sprechen wollen, es möge sagen, dass Sie nicht zu Hause seien? Sagen Sie nicht gelegentlich eine Verabredung mit einer »Notlüge« ab?

Sie selbst wissen sicher so gut wie ich, wie viele so genannte Ausreden uns Erwachsenen auf der Zunge liegen, wenn wir uns aus einer Verpflichtung lösen oder etwas Bestimmtes durchsetzen wollen und auch wenn uns ein Thema unangenehm ist.

Wenn aber Ihr Sohn oder Ihre Tochter Ihnen eine schlechte Note verschweigen oder sogar eine bessere nennen, dann sind Sie sauer oder besorgt, weil Sie meinen, die Vertrauensbasis zu Ihrem Kind sei zerstört oder – in übertriebener Weise – Ihr Kind werde wohl mal auf die »schiefe« Bahn geraten.

Bevor Sie so heftig reagieren, denken Sie schnell mal an Ihre eigenen kleinen Schummeleien und fragen Sie sich, warum Sie zu diesen »Schleichwegen« greifen.

Ihr Kind schummelt vielleicht, weil es die schlechte Schulaufgabe selbst nicht so ernst nimmt und sich sicher ist, dass die nächste besser wird. Wozu also die Panik daheim?

Es kann auch sein, dass es Strafe fürchtet, dass ihm vielleicht das versprochene neue Fahrrad gestrichen wird, dass das Taschengeld gekürzt wird, dass es die geliebte Fernsehsendung nicht mehr anschauen darf usw. Wenn Sie Verständnis für die »Notlügen« Ihres Kindes aufbringen, werden solche Schwindeleien von selbst wieder verschwinden. Und vor allem: Denken Sie daran, dass es unglaubhaft ist, wenn Sie von Ihrem Kind Mut zur Aufrichtigkeit erwarten, selbst aber die entsprechende Courage nicht haben, wenn Ihnen etwas peinlich ist.

101

Schwieriger wird die Angelegenheit allerdings, wenn Ihr Kind ständig lügt, wenn Sie die Ursachen gar nicht mehr erkennen und Sie Ihrem Kind allmählich nichts mehr richtig glauben können.

Möglich, dass Ihr Kind sich in einem Lügennetz verfangen hat, aus dem es nur sehr schwer oder gar nicht mehr allein herausfindet. Dann braucht es Hilfe und nicht Strafe!

Ich möchte noch vorausschicken, dass bei einem Kind unter vier Jahren eigentlich noch gar nicht von Lügen die Rede sein kann, denn bis zum vierten oder fünften Lebensjahr verwechseln Kinder ihre Phantasie oft mit der Realität. Sie leben noch so stark im Reich ihrer Vorstellungen und Träume, dass sie wirklich glauben, was sie sich gerade ausdenken.

Wie wäre es sonst auch möglich, dass wir Erwachsene ihnen die Geschichten vom Weihnachtsmann oder auch Osterhasen glaubhaft machen können? Streng genommen belügen wir mit diesen »Märchen« unsere Kinder, denn die hinter diesen Figuren verborgene Symbolik ist kleinen Kindern noch gar nicht zugänglich. Deshalb ist es auch sehr wichtig, die so genannte Ernüchterung, nämlich die Entschleierung des Nikolaus oder Osterhasen, mit sehr viel Vorsicht und Feingefühl vorzunehmen. Oft habe ich bei Kindern tiefe Enttäuschung darüber erlebt, dass ihre Eltern sie so »gemein« belogen haben.

Auch könnten Vorschulkinder nicht solch einen intensiven Zugang zur Märchenwelt haben, wenn sie nicht die Fähigkeit hätten, in der Phantasie wirklich zu leben. Ein Vorschulkind wäre total überfordert, wenn Sie von ihm erwarten, dass es einerseits die »Märchen« ernst nimmt und an die Festtagsriten glaubt, es andererseits aber immer die »Wahrheit« sagen und keine Phantasiegeschichten erzählen soll.

Nun aber zu den krankhaften Lügen. Unter krankhaften Lügen verstehe ich, dass ein Kind wissentlich häufig nicht die Wahrheit sagen kann. Solche Kinder belügen meist nicht nur die Eltern, sondern auch ihre Lehrer, ihre Freunde und andere Bekannte.

In meiner Praxis erlebe ich, dass das Selbst- und Wertgefühl dieser Kinder schon erheblich gestört ist. Sie meinen im Grunde, dass ihr wahrhaftes Sein nichts wert sei, dass sie nicht genügend geliebt oder anerkannt würden für das, was sie wirklich sind. Deshalb verstricken sie sich in ein Dickicht von Lügen, mit denen sie meinen, liebenswerter und besser dazustehen. Sie versuchen anzugeben, sich mit Erzählungen und vermeintlichen Erlebnissen zu schmücken, um genau so »cool« und beliebt wie die anderen zu sein und bewundert zu werden. Diese Kinder geraten dann in einen Teufelskreis: Wenn sie ihrer Lügen entlarvt werden, werden sie meist gescholten oder – noch viel schlimmer – ausgelacht und damit wiederum entwertet. Sie schämen sich dann entsetzlich und wissen aus ihrer Not meist keinen anderen Ausweg, als noch geschickter und undurchschaubarer zu lügen. Auch im Elternhaus erleben sie in der Regel denselben Mechanismus: Die Eltern schimpfen und demütigen das Kind. Es schämt sich, fühlt sich in seinem Selbstwertgefühl erneut tief verletzt, versucht sich mit weiteren Lügen oder Trotz zu retten, was die Eltern wiederum enttäuscht usw.

Ein Beispiel aus meiner Praxis:

Der zehnjährige Max hat seinen Eltern schlechte Noten verheimlicht, ja ihnen sogar erzählt, er habe gute Noten. Was war die Ursache? Max hat sich wegen der schlechten Noten geschämt und wollte seine Eltern nicht enttäuschen, so dass er erst mal dem großen inneren Konflikt ausgewichen ist. Max wollte seine Eltern also nicht verletzen mit seinen Lügen, sondern genau das Gegenteil tun. Hier war die eigentliche Ursache das mangelnde Selbstbewusstsein und das damit verbundene Gefühl, versagt zu haben und nichts wert zu sein. Nach den ersten Lügen hatte sich die Sache dann verselbständigt.

Gerade das Schamgefühl des Kindes wird oft von Erwachsenen unterschätzt. Meist haben wir als Eltern selbst in unserer Kindheit erlebt, dass wir bloßgestellt wurden, und deshalb einen inneren Schutzmantel dagegen entwickelt. Wenn wir aber unsere eigenen, Scham auslösenden Verletzungen nicht mehr spüren, also immun dagegen geworden sind, merken wir es bei unseren Kindern meist auch nicht mehr, wenn wir sie beschämen.

Versuchen Sie, auch wenn Sie sich in Ihrem Vertrauen »betrogen« fühlen, Ihr Kind erst einmal zu verstehen, wenn es gelogen hat. Wenn Ihr Kind lügt, appelliert es ja auch an Ihr eigenes Schamgefühl. Oder fühlen Sie sich als Eltern nicht beschämt, ist es Ihnen nicht äußerst peinlich, dass gerade Ihr Kind beim Lügen ertappt worden ist?

Horchen Sie einmal in sich hinein und fragen Sie sich ganz ehrlich, wie Sie selbst mit diesem Gefühl der Ohnmacht und Beschämung umgehen? Schlagen und sofortige harte Strafen bedeuten, dass Sie Ihre Scham in Macht ummünzen. Sie reagieren entsetzt statt betroffen. Sie bilden sich ein zu wissen, statt erst mal zu fragen. Sie handeln, bevor Sie verstehen.

Vielleicht fühlen Sie sich auch selber ertappt, weil Ihnen Ihr Kind einen Spiegel vorhält, weil auch Sie häufig zur Notlüge greifen.

Wenn Sie Ihre eigenen Gefühle von Peinlichkeit nicht sofort verdrängen, dann werden Sie sich auch viel eher in die Not Ihres Kindes hineinversetzen können und mit ihm gemeinsam nach Lösungen suchen können. Und wenn Sie selbst dieses Gespinst nicht mehr auflösen können, sollten Sie Hilfe von Außenstehenden annehmen. Vielleicht können schon Freunde oder Verwandte, eine Beratungsstelle oder ein Kinderpsychologe helfen. Gemeinsam findet sich sicher eine gute Lösung für das belastende Problem.

104

Je mehr ich habe, desto mehr bin ich wert: Stehlen

Ähnlich, gemessen an der gesellschaftlichen Wertung noch gravierender, verhält es sich mit dem Stehlen. Kinder stehlen sich das, was sie meinen, unbedingt zu brauchen. Zu warten, bis sie es entweder geschenkt bekommen oder sich selbst kaufen können, erscheint ihnen viel zu lange.

Beim Stehlen spielen das Überangebot an Konsumgütern und die Werbung eine große Rolle. Wenn die Werbung Kinder in immer stärkerem Maße für ihre Zwecke missbraucht und ihnen vorgaukelt, dass ihr Glück und ihre Wertschätzung von den einzelnen Produkten abhängen, dann sind diejenigen Kinder, deren Wertgefühl aus verschiedenen Ursachen schon angegriffen ist und die eventuell mangels Liebe und Geborgenheit nach Ersatzbefriedigung suchen, dafür verständlicherweise besonders empfänglich.

Wenn die Schokolade dem Kind das große Glück verspricht und wenn die Eltern ihm die Schokolade nicht kaufen, dann klaut es sich das so verlockende und viel versprechende Gut.

Damit möchte ich keineswegs sagen, dass Sie als Eltern dem Kind alles kaufen sollen, was es will – im Gegenteil! Es wäre sinnvoller und hilfreicher, mit dem Kind gemeinsam Werbung anzuschauen und mit ihm darüber zu sprechen, mit welchen Tricks hier der Verkauf gesteigert werden soll.

Bei kleinen Kindern handelt es sich noch um die so verlockenden Süßigkeiten, bei größeren dann um Spielsachen, Markenkleidung und Software.

Gleichzeitig sollten wir Erwachsenen uns alle und Sie als Eltern sich ganz besonders fragen, welchen Stellenwert das Materielle für Sie hat.

»Stehlen« Sie sich vielleicht auch ab und zu Ihr Glück, indem Sie mit Krediten, also mit Geld, das Sie nicht haben,

Güter ansammeln, in der Hoffnung, dann zufriedener und glücklicher zu sein? Oder »stehlen« Sie Ihren Kindern vielleicht Zeit, in der Sie Geld verdienen, auch wenn Sie es nicht unbedingt zum Lebensunterhalt benötigen? Ich meine hier nicht diejenigen beruflichen Tätigkeiten, die Sie vor allem aus Freude tun, denn damit vermitteln Sie Ihren Kindern etwas ganz Wichtiges: dass Arbeit Spaß machen kann. Gemeint ist jene Arbeit, mit der Sie sich noch mehr – und meist überflüssigen – materiellen Luxus »leisten« möchten. Damit vermitteln Sie Ihren Kindern, dass materielle Güter so wichtig sind, dass Sie mit dem Geldverdienen für diese Dinge die meiste Zeit Ihres Lebens verbringen und dass sie Ihnen sogar wichtiger sind, als Zeit für Ihre Kinder zu haben.

Wenn materieller Luxus uns wirklich glücklich machen würde – wie es uns die Werbung suggeriert –, dann müsste es bei den so genannten wohlhabenden Familien ja nur glückliche Kinder geben. Das ist jedoch in keinster Weise der Fall – im Gegenteil: In unsere Praxen kommen sehr häufig Kinder aus Familien, denen es an Geld nicht mangelt.

Ich habe eine Jugendliche gekannt, die sich an ihrem achtzehnten Geburtstag das Leben genommen hat, nachdem sie von ihrem Vater einen Scheck in beliebiger Geldhöhe geschenkt bekommen hatte. Zugleich hatte er ihr mitgeteilt, sie solle das Telefon nicht so lange blockieren, weil wichtige Kunden anrufen wollten. In ihrem erschütternden Abschiedsbrief machte sie u.a. deutlich, dass sie nicht mehr damit rechne, irgendwann einmal in ihrem Leben Zeit und Aufmerksamkeit und somit Liebe »geschenkt« zu bekommen.

Ein neunjähriger Junge, der wegen Stehlens bei mir in psychotherapeutischer Behandlung war, hat mir einmal gesagt: »Wenn meine Eltern schon keine Zeit für mich haben, dann sollen sie wenigstens dafür bluten.« Er klaute

106

seinem Vater Geld aus der Firmenkasse und Computerteile, die er an Gleichaltrige weiterverkaufte.

Ich bin immer wieder sehr betroffen, wenn ich sehe, wie hart viele Väter schuften, um ihren Familien eine materiell gut gesicherte Existenz zu ermöglichen. Dabei wird ihnen ihre gesamte Energie genommen, so dass sie keinerlei Reserven mehr übrig haben, um sich neben der Arbeit auch noch ihren Familien widmen zu können. Dabei sind alle unglücklich: die Väter, weil sie so erschöpft sind; die Mütter, weil sie sich über die mangelnde Präsenz ihrer Ehemänner beschweren; und die Kinder, weil sie ihren Papa so vermissen.

Wir vergessen allzu leicht, dass unser Selbstwertgefühl nicht durch Äußerlichkeiten wächst, sondern durch die Liebe, Zeit und Aufmerksamkeit, die andere Menschen uns widmen.

Kinder erleben heute mehr denn je, dass Geld und das, was man dafür kaufen kann, wichtiger und wertvoller sind als das Zusammensein mit ihnen. Dementsprechend kommen sie sich wertloser vor als der neue Mercedes und versuchen ganz folgerichtig, ihr mangelndes Selbstbewusstsein mit Materiellem aufzupolieren.

Oft stehlen Kinder auch – sei es Geld oder Güter –, um damit vor anderen Kindern angeben oder um ihren »Freunden« etwas bieten zu können. Sie halten uns Erwachsenen erneut den Spiegel vor, in dem jeder von uns sein eigenes Verhalten wieder erkennt, wenn er dazu bereit ist.

Körperliche Symptome

Ich hasse meinen Körper: Essstörungen

Noch verschlüsselter und versteckter und für den Laien oft gar nicht mehr erkennbar können kindliche Seelentränen sein, die sich hinter so genannten körperlichen Symptomen verbergen. Erwachsene sehen daher in der Essensverweigerung erst einmal ein bockiges und störrisches Verhalten des Kindes, nach dem berühmten Wilhelm Busch-Motto »Nein, meine Suppe ess ich nicht!«.

Man muss hier klar unterscheiden zwischen dem Kind, das bestimmte Gerichte einfach nicht mag und deshalb das Essen verweigert, und dem, das systematisch jedes Essen verweigert und damit auf eine sehr zerstörerische Weise auf ein großes inneres Problem aufmerksam macht. Im ersten Fall kann es sich um eine gesunde Art der Willensbekundung handeln, denn das Kind sagt bzw. zeigt deutlich, dass es dies oder das nicht mag oder vielleicht vor der eigentlichen Mahlzeit heimlich genascht und deshalb keinen Hunger mehr hat. Das Kind will Sie damit nicht verletzen, sondern Ihnen zeigen, dass es eigene selbständige und individuelle Vorlieben und Abneigungen hat und auch schon selbst entscheiden möchte, wann es etwas isst. Je besser Sie das als verständlichen Wunsch Ihres Kindes respektieren können und je weniger Sie sich dadurch in Ihrem »Gebrauchtwerden« gekränkt fühlen, desto schneller werden Sie sich mit Ihrem Kind auf seiner neuen Entwicklungsstufe wieder einschwingen können. Es ist nämlich ein gesundes

Zeichen, wenn Ihr Kind nun nicht mehr automatisch mit all Ihren Wünschen harmoniert.

Leider wird bei uns dem Essen selbst viel zu viel Wert beigemessen. Sicher ist es wichtig, dass Ihr Kind von Ihnen ausreichend und gesund ernährt wird, aber der kindliche Eigenwille wird dabei meist zu wenig geachtet. Aus Untersuchungen wissen wir, dass Kinder – wenn sie selbst wählen dürfen – sich keineswegs nur von Süßigkeiten ernähren, sondern dass der Reiz des Verbotenen ebenso wie so genanntes Frustessen eine wichtige Rolle bei der »Sucht« nach Naschereien spielen.

Wesentlich schwieriger und alarmierender ist es, wenn es sich um eine kranke Form des Essverhaltens handelt, also um Magersucht (Anorexie) oder die unstillbare Gier nach Essen mit anschließendem Erbrechen (Bulimie).

Diese Essstörungen, die bisher meist erst im Jugendalter aufgetreten sind, nehmen in letzter Zeit leider auch im Kindesalter erschreckend zu. Mit diesen Suchtformen machen Kinder auf eine äußerst selbstzerstörerische Weise darauf aufmerksam, dass ihr Selbstbild und vor allem das Bild, das sie sich von ihrem Körper machen, in erheblichem Maße gestört sind. Es handelt sich hier um eine sehr ernst zu nehmende seelische Krankheit, ähnlich wie die Alkoholsucht Jugendlicher oder Erwachsener. Jede Sucht ist jedoch nicht Ursache, sondern lediglich Symptom tief liegender Störungen – sozusagen die Spitze des Eisberges.

Neben individuellen Faktoren zwischen Eltern und Kindern, für die ich auf das nächste Kapitel verweise, spielen hier jedoch in zunehmendem Maße auch gesellschaftliche Ansprüche und Erwartungen an Frauen und Männer eine Rolle.

Dabei sind vor allem bei Frauen und Mädchen das Aussehen und die Figur so überhöht und idealisiert, dass weder Mütter noch Töchter dem in der Realität entsprechen können. Kleine Mädchen sollen niedlich, grazil, hübsch und brav sein; dabei aber natürlich auch intelligent, lernfreudig und individuell. Je älter sie werden, desto wichtiger wird ihre äußere Erscheinung, die an den manipulierten Titelphotos von Frauen- und Männerzeitschriften gemessen wird.

Frauen lassen sich aufgrund ihrer jahrhundertealten Verunsicherung mehr von solchen Diktaten bestimmen als Männer. Wer erwartet schon von einem Mann, dass er nach einem sehr anstrengenden Arbeitstag geschniegelt und gebügelt, wohl duftend und ausgeruht zu seiner Familie zurückkehrt? Von Frauen wird das sehr wohl erwartet: Sie sollen am Ende eines arbeitsreichen Tages voller Kinder, Hausarbeit und Berufstätigkeit lächelnd, hübsch angezogen und verführerisch ihren Ehemann empfangen. Wie sie das bewerkstelligen sollen, danach fragt niemand.

Ich sage Ihnen nichts Neues, wenn ich darauf hinweise, dass es kaum eine Frau gibt, die nicht die gesunde Beziehung zum Essen verloren hat und die zwischen Diäten und Schlemmen beziehungsweise Verzicht in Form betont gesunder Ernährung und der Sucht nach Süßem und Kalorienhaltigem hin und her gerissen wird.

So erleben unsere Töchter von klein auf, dass ihre Mama mit ihrer Figur, also mit sich selbst, unzufrieden ist, ihren Körper oft ablehnt oder sogar hasst. Dabei spielt der Körper für uns Frauen insofern eine viel wichtigere Rolle als für den Mann, als er die Stätte allen Anfangs ist.

Für ein Mädchen und eine heranwachsende junge Frau ist es äußerst wichtig, wie die eigene Mutter zu ihrem Körper steht. Kann sie ihn lieben und akzeptieren, wie er ist, kann die eigene Tochter besser ein gutes Verhältnis zu ihrem Körper entwickeln, als wenn sie erlebt, dass ihre Mutter sich diesbezüglich gar nicht mag und ständig an sich herummanipuliert.

110

Liegt eine kranke Beziehung zum Essen vor und, damit verbunden, zu den gesunden Bedürfnissen des Körpers, kann dies wiederum ein Spiegel für die unnatürliche Beziehung zu sich selbst und dem eigenen Körper sowie auch für die entsprechend krankhaften Erwartungen des Mannes sein.

Es gibt natürlich auch bei Kindern das so genannte Frustessen. Sie kennen bestimmt das Verlangen nach Süßem, wenn Sie sich enttäuscht, einsam, verlassen, gestresst oder depressiv fühlen. Wir alle essen, um uns etwas »Gutes« zu tun, was ja auch völlig legitim ist. Die Fähigkeit, sich selbst trösten zu können, ist etwas sehr Wichtiges und Sinnvolles. Problematisch wird es nur dann, wenn dieses »Trösten« zur Sucht wird und uns daran hindert, unsere Probleme in der Seele genauer anzuschauen.

Genauso verhält es sich bei Kindern. Hier wird die Sehnsucht nach Liebe und Verständnis durch die Sucht nach Süßem befriedigt.

Diese Form der Abwehr gibt es bei Buben wie Mädchen gleichermaßen, nur stecken Mädchen wegen des Schönheitsideals noch eher den Finger in den Mund (Bulimie), um sich vor einer Gewichtszunahme zu schützen. Die Zunahme von übergewichtigen Kindern ist erschreckend hoch.

Achten Sie einmal darauf, wie oft Sie Ihren Kindern, Enkeln und Nichten/Neffen Süßes oder etwas anderes »Gutes zum Essen« zum Trost anbieten. Sie können auch häufig beobachten, dass Mütter ihren schreienden oder quängelnden Babys sofort die Brust, die Flasche oder den Schnuller geben, um sie zu beruhigen. Wenn der Mund voll ist, kann das Baby nicht mehr schreien!

So werden wir häufig schon von Beginn unseres Lebens an darauf programmiert, uns über Probleme, Stress oder Frust mit Dingen, die wir uns in den Mund stecken, hinwegzutrösten.

111

Dabei muss es nicht unbedingt etwas zu essen sein, denn Alkohol oder Zigaretten dienen, mehr oder weniger bewusst, demselben Zweck.

Neben diesen Aspekten sollte man auch bedenken, dass ein Kind über das Essen enorme Macht gewinnt, denn niemand kann es zum Essen oder Trinken zwingen. Zur Not kann es alles, was Sie ihm zwangsweise hineingestopft haben, wieder erbrechen.

Mütter – und ihre Kinder registrieren es genau – fühlen sich vollkommen ohnmächtig und hilflos und sind zusätzlich sehr besorgt, wenn ihre Kinder zu wenig oder gar nichts mehr essen, weil dies ihrer Gesundheit in lebensbedrohlicher Weise schadet.

Sie sollten sich unbedingt fragen, warum ihr Kind auf diese indirekte Weise Macht über sie gewinnen will. In vielen Fällen, die ich in meiner Arbeit mit essgestörten Kindern und Eltern erlebt habe, üben Eltern meist enormen Druck auf ihre Kinder aus, ohne dass ihnen das bewusst wäre. Sie erwarten sehr viel und haben selbst wenig inneren Spielraum, diese Erwartungen der individuellen Situation ihres Kindes anzupassen. Es ist dann wichtig, in sich zu gehen und sich zu fragen, wie Sie mit Ihren Wünschen an Ihr Kind und dessen Wunsch nach Abgrenzung umgehen! Das fängt bei ganz konkreten Dingen an: Müssen alle immer dann essen, wenn Sie es für richtig erachten? Darf Ihr Kind auch den Zeitpunkt für seinen Hunger bestimmen? Oft haben Kinder beispielsweise am frühen Morgen oder nach einem anstrengenden Schultag keinen Hunger. Sind Sie flexibel genug, Ihren Wunsch nach guter Ernährung und den des Kindes auf einen gemeinsamen Nenner zu bringen? Vielleicht, indem Sie Ihrem Sohn oder Ihrer Tochter das Frühstück für die erste Pause mitgeben oder mit dem Mittagessen warten, bis sich der Hunger eingestellt hat? Neben dem Umgang mit dem Essen sollten Sie auch hinterfragen, wie es mit der Erfüllung anderer individueller Grundbedürfnisse in Ihrer Familie aussieht.

Sie wissen, dass Macht Gegenmacht erzeugt. Wenn Kinder zu viel Angst haben, offen ihren Protest zu zeigen, oder zu häufig erlebt haben, dass ihr Protest auf taube Ohren stößt, dann kann es zu solchen selbstschädigenden indirekten Protesten (vgl. *Gewalt gegen die eigene Seele*) kommen.

Bei akuten Formen der Magersucht oder Bulimie sollten Sie nach Möglichkeit sofort fachkundige Hilfe hinzuziehen, da es sich hier um schwere seelische Erkrankungen handelt.

Tränen im Bett, Angst und Wut in der Hose: Einnässen (Enuresis) und Einkoten (Enkopresis)

Das führt mich zu zwei weiteren körperlichen Symptomen, dem Einnässen und Einkoten. Die medizinischen Fachausdrücke weisen schon darauf hin, dass es sich hier um ernst zu nehmende seelisch-körperliche Erkrankungen und nicht – wie oft angenommen – um widerspenstige »Launen«(!) des Kindes handelt.

Auch bei diesen Symptomen hat sich der Protest schon so weit verselbständigt, dass das Kind die Aggression selbst nicht mehr spüren kann, da die Schließmuskeln dem Willen meist nicht mehr unterliegen. Der eigentliche Konflikt des Kindes ist ins Unbewusste verdrängt, zurück bleiben der Gestank, die Ohnmacht und der Ärger der Eltern, meist auch die Scham auf beiden Seiten.

Ich meine, wenn ich vom Einkoten und Einnässen spreche, nicht den natürlichen Haufen oder die entsprechenden Spuren in der Windel oder der Hose des Kleinkindes, das die Kontrolle über seine Ausscheidungsfunktionen noch

113

nicht sicher beherrscht, ich meine jene Kinder, die – obwohl sie schon längere Zeit sauber waren oder vom Alter her längst sein müssten – gelegentlich, täglich oder erneut wieder einkoten und einnässen.

Ähnlich wie bei den anderen Symptomen können diesem Verhalten unbewusste innerseelische Konflikte zugrunde liegen.

Ob es sich um eine organisch bedingte Blasenschwäche handelt, sollten Sie auf jeden Fall vom Facharzt klären lassen. Versuchen Sie auf keinen Fall, mit »Klingelmatratzen«, stündlichem Aufwecken oder Nichts-Trinken das Problem zu lösen! Damit quälen Sie Ihr Kind unnötig und belasten Ihre Beziehung nur noch mehr.

Seien Sie auch skeptisch, wenn Ihnen vom Arzt nur ein Beruhigungsmittel für Ihr Kind verordnet wird. Es sind schon Eltern zu mir gekommen, weil ihr Kind in der Schule nicht mehr lernen konnte und ständig einschlief aufgrund solch starker Medikamente.

Oft haben Eltern und Kinder schon eine Odyssee von fürchterlichen Tricks und Maßnahmen hinter sich, bevor Sie dann endlich den Weg zu einem Kinderpsychotherapeuten finden. Warten Sie nicht zu lange! Blase und Darm reagieren sehr sensibel auf Empfindungen und Gefühle. Sie alle wissen aus Erfahrung, dass Sie häufig auf die Toilette gehen müssen, wenn Sie aufgeregt sind.

Stellen Sie sich einfach vor, dass das nasse Bett beim nächtlichen Einnässen unter anderem ein Ersatz für ein nicht mit Tränen gefülltes Taschentuch sein kann. Vielleicht hat das Kind tagsüber aufgrund von Ablenkung seine schmerzhaften Gefühle und inneren Konflikte unter Kontrolle halten können. Nachts aber, wenn es schläft und entspannt ist, fällt das »Aufpassen« weg, und die tagsüber verschluckten Tränen »ergießen« sich ins Bett. Das Kind steht unter einem zu großen seelischen Druck.

114

Auffällig ist, dass das Einnässen wesentlich häufiger bei Buben auftritt als bei Mädchen. Das hängt unter anderem damit zusammen, dass Buben ihre Gefühle weniger ausleben »dürfen« als Mädchen. Während es Mädchen eher erlaubt ist, zu weinen und zu schreien, werden solche Gefühlsausbrüche bei heranwachsenden Jungen meist abgewürgt oder lächerlich gemacht, was große Schamgefühle verursacht.

Ein achtjähriger Bub, der nachts ständig einnässte, malte während seiner Therapie bei mir »Ärger- und Tränenseen«, deren »Abflüsse verstopft« waren. Auch hier sind – wie immer – die jeweiligen Konflikte und Spannungen von Fall zu Fall verschieden, je nach Familie und Familiengeschichten.

Prüfen Sie für sich, welche Erwartungen und seelischen Wünsche Sie an Ihr Kind haben. Diese können bei Mutter und Vater ganz unterschiedlich, ja sogar konträr sein. Beispielsweise möchte der Vater den Buben stark, sicher und mutig sehen, die Mutter kann sich dagegen vielleicht nur schwer von dem Bild des zärtlichen und anhänglichen Kleinkindes lösen.

So gerät das Kind zwischen die beiden Fronten von zwei zu weit auseinander liegenden Interessen. Das Kind möchte aber beiden Eltern gerecht werden, kann jedoch die zu unterschiedlichen Erwartungen unmöglich erfüllen. Die enorm große Spannung entlädt sich unbemerkt nachts ins Bett.

Die Sprachbrücke ist brüchig oder blockiert: Stottern

Ähnlich wie die bisher genannten Symptome zählt auch das Stottern zu den Mitteln, mit denen sich die verletzte und leidende Seele eines Kindes verschlüsselt Gehör verschafft, ohne dass das eigentliche Problem noch erkennbar wäre.

115

Viele Eltern glauben, dass das Stottern ihres Kindes damit zusammenhinge, dass die Kinder zu schnell sprächen. Das ist durchaus möglich, wenn sich das Kind noch in der Entwicklungsphase befindet, in der es das Sprechen erlernt. Wenn das Stottern jedoch anhält oder auftaucht, nachdem das Kind bereits flüssig gesprochen hat, sollten Sie an die Möglichkeit denken, dass das Abhacken der Worte oder das Steckenbleiben beim Sprechen eine Botschaft aus der Seele Ihres Kindes ist, die von Ihnen gehört werden will und die nach Hilfe schreit.

Beim Stottern unterscheiden wir zwei verschiedene Erscheinungsformen voneinander: das tonische und das klonische Stottern. Beim tonischen Stottern bleibt das Kind beim Sprechen hängen, es ringt nach Luft und kämpft mit dem Weiterreden. Es kann ein Anzeichen dafür sein, dass die seelische Entwicklung blockiert ist. Das Kind bleibt irgendwo stecken, es braucht Hilfe, um den gewünschten Entwicklungsfluss wieder in Gang setzen zu können. Dies können auch Blockaden bei der Verwirklichung von Lebenswünschen der Eltern sein, die sich in der Seele des Kindes manifestieren.

Die Mutter der fünfjährigen Sonja hat mir am Ende der Therapie gesagt, dass sie ihrer Tochter direkt dankbar sei, dass sie ihr den Weg zu mir gewiesen habe. Diese Mutter konnte mit Hilfe der Gespräche den Zugang zu ihren eigenen inneren Wünschen finden, Wünschen nach dem Wiedereinstieg ins Berufsleben und nach Selbstverwirklichung. Deren blockierte Entwicklung ließ sich auf diese Weise wieder in Gang setzen.

Beim klonischen Stottern wiederholt das Kind einzelne Silben, bevor es weiterreden kann. Auch hier ist der Fluss der Sprache unterbrochen, nur scheinen die im Wege liegenden Stolpersteine noch nicht ganz so unüberwindbar zu sein wie beim tonischen Stottern.

116

Ähnlich wie beim Einkoten und Einnässen ist das Stottern sowohl auf der Seite der Eltern als auch der des Kindes mit großen Schamgefühlen verbunden.

Im Unterschied zum nächtlichen Bettnässen kann es außerdem vor der Umwelt nicht versteckt oder verheimlicht werden. Wenn wir uns klarmachen, dass unsere Sprache – spätestens ab dem dritten Lebensjahr – das Mittel ist, um uns mit anderen Menschen zu verständigen, um Kontakt mit ihnen aufzunehmen, können Sie sich vorstellen, dass beim Stottern der Beziehungsfluss gestört ist. Der Fluss ist blockiert, vielleicht auch fehlgeleitet. Wie es zu diesen Blockaden gekommen ist und von welcher Art die jeweiligen Hindernisse sein könnten, kann, wie bei allen anderen Symptomen, nur anhand der Lebensgeschichte des Kindes und der jeweiligen Konflikte und »Knoten« geklärt werden.

Ständig krank:
Chronische Erkrankungen

Abschließend möchte ich noch kurz auf – teils schwere – chronische Erkrankungen von Kindern eingehen, bei deren Entstehung ebenfalls psychische Faktoren mitwirken können.

Ich denke da beispielsweise an Symptome wie Asthma bronchiale, chronische Bronchitis oder auch Neurodermitis.

Selbstverständlich sollten Sie bei diesen Erkrankungen zunächst unbedingt Ihren Haus- oder Kinderarzt zu Rate ziehen. Ich habe aber oft erlebt, dass eine psychotherapeutische Behandlung des Kindes in Zusammenarbeit mit Eltern und Ärzten solche Symptome geheilt hat – und zwar vollständig und auf lange Sicht. Viele Kinderärzte wissen inzwischen um das Zusammenspiel von Seele und Körper, so dass sie Ihnen eine psychotherapeutische Behandlung ohnehin zur Begleitung empfehlen werden.

Die seelischen Ursachen sind bei dieser Art von Erkrankungen so tief ins Vergessen oder ins Unbewusste verbannt, dass es für einen Laien m.E. praktisch unmöglich ist, ihnen auf die Spur zu kommen.

Häufig können die seelischen Verletzungen in einem sehr frühen Stadium der kindlichen Entwicklung entstanden sein, als das Kind noch eine totale Einheit von Körper und Seele gebildet hat und kaum andere Abwehrmöglichkeiten zur Verfügung standen.

Auch ständige Erkältungskrankheiten des Kindes weisen übrigens auf eine Schwächung des Immunsystems hin, das wiederum eng mit der Seele und inneren Stressfaktoren verbunden ist.

Veranlagung oder Erziehung?

Geschwister

Bevor ich im folgenden Kapitel genauer auf einige vielfach zu beobachtende Ursachen und Zusammenhänge in der Eltern-Kind-Beziehung eingehe, möchte ich Ihnen noch ein paar Anregungen zu dem folgenden Diskussionspunkt geben: Ist nicht doch ohnehin alles Veranlagung oder Vererbung? Da kann man doch als Eltern nichts ändern.

Die Gewichtung von Veranlagung und Erziehung schwankt auch in Fachkreisen nach wie vor. Für unstrittig halte ich, dass wir alle mit unterschiedlichen Anlagen, Begabungen und Empfindlichkeiten geboren werden. Das eine Kind hat ein sonniges Gemüt geerbt und kann daher manche Verletzung wesentlich besser verarbeiten als ein anderes Kind, das seismographisch jede Gefühlsregung aufnimmt. Das eine Kind reagiert auf laute und schrille Musik, das andere auf die leisesten Untertöne. Aber gerade deshalb sollten wir als Verantwortliche nicht die Hände in den Schoß legen, sondern uns bemühen, die jeweiligen Eigenarten unserer Kinder zu erforschen und uns so gut, wie wir können, darauf einzustellen.

Bei dem einen Kind muss ich vielleicht lauter reden, um gehört zu werden; bei dem anderen reicht eventuell schon ein Blick. Das eine Kind braucht vielleicht das mütterliche oder väterliche Umsorgtsein noch längere Zeit, während ein anderes schon früh seine Eigenständigkeit erproben will.

Oft sagen mir Eltern voller Stolz, dass sie ihre Kinder alle gleich behandeln und behandelt haben und dass sie deshalb nicht verstehen, wieso dieser Sohn oder diese Tochter gerade seelisch krank sein soll.

Die Gleichbehandlung kann in vielen Fällen verkehrt sein. Denken Sie einmal zurück an Ihre Kindheit! Wenn Sie mit Geschwistern aufgewachsen sind, erinnern Sie sich bestimmt an manche Situation, in der sie nicht das Gleiche haben wollten wie Ihre Brüder oder Schwestern oder in der Sie sich von Ihren Eltern ein ganz besonders individuelles Verständnis für Ihre besondere Situation gewünscht hätten.

Es ist ganz normal, dass Geschwister aufeinander eifersüchtig sind und oft mit Argwohn über alles wachen, was der andere an Zuwendung, Aufmerksamkeit oder Geschenken bekommt. Daher tendieren viele Eltern dazu, alles »gerecht« aufzuteilen.

Gerecht heißt aber in der Regel nicht, dass für alle das Gleiche gilt, sondern dass Sie versuchen müssen, jedem Kind mit seinen Wünschen, Bedürfnissen und Veranlagungen gerecht zu werden. Sie wissen inzwischen, dass ich damit nicht meine, dass Sie alle Wünsche erfüllen müssen.

Jedes Kind ist anders, aber jede Beziehung auch!

Auch Sie selbst reagieren ganz unbewusst auf jedes Kind, auf jedes Verhalten anders. Nehmen Sie nur einmal das älteste oder das jüngste Kind, einen Buben oder ein Mädchen! Während Sie bei Ihrem ersten Kind noch unsicher waren und all Ihre Aufmerksamkeit auf die neue Situation und Ihr Kind richteten, wird beispielsweise Ihre Beziehung zum zweiten oder dritten Kind schon sehr viel selbstverständlicher und lockerer gewesen sein. Vielleicht haben Sie

120

auch schon die eine oder andere zu hohe Erwartung oder manchen unrealistischen Wunsch der Realität angepasst.

Ebenso kann das Letztgeborene als »Nesthäkchen« besonders verwöhnt werden, vielleicht mit dem Wunsch, dass es noch lange die leer gewordenen Plätze der älteren Geschwister füllen und die Eltern vor der Einsamkeit schützen möge, so dass die Ablösung für das jüngste Kind besonders erschwert ist.

Vielleicht hat sich auch Ihre soziale Situation verändert. War das erste Kind der Grund für Ihre Eheschließung? Waren Sie noch in einer Berufsausbildung? Wohnten Sie noch bei Ihren Eltern? So wurde das zweite Kind vielleicht in einem wesentlich abgesicherteren und zufriedeneren Umfeld geboren. Vielleicht hat sich Ihre Beziehung zueinander aber auch schwieriger entwickelt und Sie haben sich das Kind als »Versöhnungsversuch« gewünscht.

All das wirkt sich natürlich auf die Beziehung zu unseren Kindern aus.

Aber auch unter den Geschwistern selbst gibt es aufgrund ihrer Rangordnung unterschiedliche Schwerpunkte.

Es ist ja bekannt, dass die jüngeren Geschwister von den älteren lernen und daher im Vergleich meist schneller und eher laufen, schreiben, lesen und rechnen können als die Erstgeborenen. Dies kann zu Minderwertigkeitsgefühlen der größeren Kinder führen, wenn ihnen das jüngste Geschwister stets vorgehalten wird.

Auf der Seite der jüngeren Geschwister kann es zu Minderwertigkeitsgefühlen kommen, wenn sie stets mit den älteren verglichen werden und sie zum Vorbild nehmen müssen. Das kann die Entfaltung von vielleicht ganz unterschiedlichen Fähigkeiten und Orientierungen sehr eingrenzen.

Älteren Kindern wird vielfach früh eine große Verantwortung für die Sorge und Pflege der jüngeren Geschwister übertragen. Das kann positive Auswirkungen für das Pflichtbewusstsein haben, es kann aber zu einer Belastung werden, wenn die Eltern dabei vergessen, dass die älteren Kinder auch noch klein und ebenso bedürftig sind wie die jüngeren. Oft sind und bleiben dann die Erstgeborenen trotz ihres noch sehr jungen Alters die »Großen« und auf der anderen Seite die Jüngeren stets die »Kleinen«.

Wenn Eltern selbst überfordert sind und zu wenig eigene Kraftquellen haben, neigen sie dazu, in ihren großen Kindern Stützen zu sehen und sie damit zu überfordern. Diese Kinder leiden beim Heranwachsen und später als Erwachsene häufig unter dem Gefühl ständiger Überforderung und schaffen sich selbst Situationen, in denen sie es auch sind.

Dagegen fällt es den jüngsten Kindern, wenn sie zu sehr verwöhnt und verhätschelt worden sind, schwer, selbständig zu werden. Beim Heranwachsen und später als Erwachsene geben sie oft unbewusst die Verantwortung für sich selbst ab und bleiben in kindlicher Abhängigkeit stecken.

Bei Streitigkeiten unter den Geschwistern neigen die meisten Eltern dazu, den Älteren mehr Einsicht, Verständnis und Nachsicht abzuverlangen und die Jüngeren in Schutz zu nehmen. Dabei vergessen sie wiederum, dass auch die so genannten »Großen« noch klein sind und dass die jüngeren Geschwister häufig äußerst raffiniert und geschickt sind, wenn es darum geht, die älteren zu reizen und zu ärgern. Wehren sich die größeren Kinder entsprechend, indem sie ihre körperliche Überlegenheit einsetzen, werden sie bestraft, weil die »Kleinen« brüllend zur Mutter rennen und sich beschweren. Dadurch fühlen sich die »Großen« wiederum ungerecht behandelt, ihr Zorn auf die oder den »Kleinen« wird entsprechend größer, die nächste körperliche Antwort auf eine Schikane vonseiten des Bruders oder der Schwester fällt noch heftiger aus.

Ein elfjähriger Bub – ich nenne ihn Andi – war bei mir in Behandlung, weil er zu völlig unbegründeten und unverständlichen Zorn- und Wutanfällen neigte, in denen er kein

122

Maß und kein Mitgefühl, vor allem gegenüber seinem jüngeren Bruder Alex, kannte. Andi brachte eines Tages seinen Bruder mit in die Therapiestunde. Dabei ereignete sich folgende Szene: Andi saß mir gegenüber am Tisch und zeichnete. Sein zwei Jahre jüngerer Bruder malte, auf dem Fußboden liegend, ebenfalls friedlich vor sich hin. Plötzlich stand er jedoch ganz leise auf, nahm sich seinen Zeichenblock, schlich sich von hinten an seinen in sein Bild vertieften Bruder heran und haute ihm mit voller Wucht den Block auf den Kopf. Andi sprang – erschrocken und voller Wut – auf und schlug wie wild auf seinen Bruder ein.

Ich ging dazwischen, äußerte aber Andi gegenüber mein Verständnis für seine Wut und wies ihn darauf hin, dass er deswegen seinen Bruder nicht so wild schlagen dürfe. Andi begann zu weinen und sagte unter Schluchzen, dass seine Mama nie verstehe, wieso er so wütend sei, und nie sehe, wie gemein und hinterhältig Alex sei. Sie wolle es einfach nicht sehen, immer sei er allein der Böse.

Alex nannte mich »eine blöde Kuh« und meinte, dass er froh sei, nicht zu so einer blöden Therapie gehen zu müssen, was Andi erneut sehr verletzte – er liebte nämlich seine Therapie – und wollte Alex wiederum schlagen.

Ich erklärte ihm, dass Alex das wohl nur sage, weil er sich so ärgere, von mir durchschaut worden zu sein, und fragte Alex, ob er es denn gut fände, wenn seine Mama ihn immer in Schutz nähme, auch wenn es ungerecht sei. Alex antwortete mir nicht direkt, zeichnete aber erneut ein Bild, auf dem zwei Buben gemeinsam miteinander spielten. Er sagte dazu, dass er wolle, dass Andi ihn lieb habe, worüber der »große« Bruder ganz gerührt war.

So kann es passieren, dass sich bestimmte Rollen und Muster unter Geschwistern festsetzen und dass das Verhalten der einzelnen Kinder diesem Vorurteil stets zu entsprechen scheint.

Wenn Sie mehr als zwei Kinder haben, werden sich die mittleren Geschwister wiederum in einer unterschiedlichen Position erleben: Vielleicht ist das mittlere Kind der einzige Junge zwischen zwei Mädchen oder das einzige Mädchen. Vielleicht ist das Kind eins unter vielen und hat es schwer, überhaupt ein besonderes Merkmal zu entwickeln. Vielleicht hat es aber eine besondere Begabung usw.

Unabhängig von Ihrer individuellen Einstellung zu Ihren Kindern, haben die Kinder selbst je nach Reihenfolge und Rangordnung völlig unterschiedliche Aufgaben zu bewältigen.

Auch die Einstellung zu Ihrem Kind ist meist abhängig von Ihrer eigenen Position innerhalb Ihrer Familie und den damit verbundenen Erfahrungen.

Vielleicht haben Sie erlebt, dass Ihre Mutter Sie als Tochter weniger lieb haben konnte als den Bruder, weil sie wiederum selbst eine für sie schmerzhafte untergeordnete Rolle als Mädchen gegenüber ihren Brüdern in der Familie zugewiesen bekommen hatte.

Ein Vater, der beispielsweise selbst als Jüngster mit seinen vorbildlichen älteren Geschwistern zu kämpfen hatte, wird sicherlich seinem jüngsten Sohn gegenüber eine andere innere Beziehung entwickeln als einer, der als lang ersehnter »Thronfolger« nach zwei oder mehreren Mädchen das Licht der Welt erblickt hat und dementsprechend bevorzugt worden ist.

Diese Anregungen mögen genügen, über Ihren Einfluss auf die Entwicklung Ihres Kindes nachzudenken. Versuchen Sie sich noch einmal auf Ihre eigene Kindheitsgeschichte einzulassen und sie mit Ihren jetzigen Gefühlen gegenüber Ihren Kindern zu vergleichen. Vertauschen Sie spaßeshalber einmal die Plätze in der Rangordnung Ihrer Kinder! Sie werden staunen, welche neuen Erfahrungen Sie dabei machen und wie sich Ihr Blickwinkel dabei verändern kann.

124

Tränen der Kinderseele als Spiegel der Elternseele

Unbewusste Verstrickungen zwischen den Generationen

Durch das Gesagte wurde bereits deutlich, in welch hohem Maße die Erlebnisse und Erfahrungen in der eigenen Kindheit mit Ihrem Verhalten als Eltern verknüpft sind. Wir haben die Bilder unserer Eltern in uns gespeichert. Unsere Kinder öffnen die Tür zu diesen Kammern, meist von uns unbemerkt. Besonders wenn unsere Erinnerungen in ein rosarotes Licht getaucht sind, können sie die Ursache dafür sein, wenn sich Eltern ihren Kindern gegenüber unflexibel verhalten, und sind somit für viele kindliche Seelentränen die eigentliche Ursache.

Auch dramatische und grausame äußere Einflüsse wie Krieg, Tod, Heimatverlust, Scheidung der Eltern usw. können schwere seelische Wunden in der Kinderseele hinterlassen. Doch können selbst solche Verletzungen heilen, wenn die Kinder in ihrer Welt liebevolle Geborgenheit erleben oder in früher Kindheit erlebt haben. Man weiß heute, dass Menschen, die den Holocaust überlebt haben, diese schwersten Traumatisierungen (Einwirkungen unter Schock) am ehesten haben verarbeiten können, wenn sie vorher in einer liebevollen und behüteten Umgebung aufgewachsen waren und später Gelegenheit hatten, immer wieder mit Vertrauenspersonen über diese grauenhaften Erlebnisse zu sprechen.

Mir geht es hier aber um die unbewussten Verknüpfungen zwischen Eltern und Kindern, bei denen Verhaltensweisen

125

von einer Elterngeneration zur nächsten und wiederum zu den Enkeln usw. weitergegeben werden, meist ohne dass die jeweiligen Zusammenhänge deutlich werden.

Als es zu Beginn meiner Ausführungen um die bewussten und unbewussten Wünsche der Eltern an ihre noch ungeborenen Kinder ging, ist Ihnen vielleicht schon die eine oder andere Motivation bekannt vorgekommen. Doch denken wir weiter: Was kann denn in einem Kind geschehen, wenn wir uns als Eltern nicht freimachen können von unseren eigenen Erwartungen?

Viele Eltern haben Angst, sich kritisch mit sich selbst auseinander zu setzen und sich ihrer inneren Wahrheit zu stellen, weil sie sich dann als »Versager« und »schuldig« fühlen.

Schuldig sind Sie aber nur dann, wenn Sie wissentlich, also bewusst und mit Absicht etwas tun. Wie sollten Sie an etwas schuld sein, das Sie gar nicht bemerkt haben?

Wie hätten Sie ein Verhalten oder Empfinden ändern können, von dem Sie bislang gar nichts gewusst haben? Sollte sich jemand etwa dafür schuldig fühlen, dass er nur mit einem Auge gesehen hat, weil er mit dem anderen nicht sehen konnte?

Von Generation zu Generation fügen wir unsere seelischen Wunden unseren Kindern zu, ebenso wie wir all die Liebe, die wir als Kinder erfahren haben, an unsere Kinder weitergeben können.

Wenn Ihr Brunnen mit viel Wärme, Geborgenheit und seelischem Gleichgewicht gefüllt ist, können Sie in Hülle und Fülle daraus schöpfen. Wenn er aber traurigerweise leer geblieben ist, so werden Sie es schwer haben. Wenn ich selber ständig durstig bin, kann ich kaum mit Freude anderen Durstigen zu trinken geben. Und auf die ehrliche Freude beim Geben kommt es an, denn ein Kind spürt sehr wohl, wenn Sie sich zu einem Gefühl nur »aus edler Gesinnung« oder Pflichtbewusstsein zwingen.

126

An diesen unbewussten Verknüpfungen zwischen Ihrem Leben und dem Ihrer Kinder sind Sie nicht »schuld«. Sie sind allerdings als Erwachsene verantwortlich für die Seele Ihrer Kinder. Damit meine ich, dass Sie dann, wenn Sie merken, dass Ihr Kind seelisch leidet, Sie in den Spiegel, den Ihnen Ihr Kind vorhält, auch hineinschauen und sich Ihrer inneren Wahrheit stellen sollten. Mir ist durchaus klar, dass der Weg, den ich Ihnen hier aufzeige, nicht einfach ist. Wir alle wollen ungern an Unangenehmes – schon gar nicht im Zusammenhang mit unseren Kindern und Eltern – erinnert werden. Wer von uns allen hätte nicht gern die besten Eltern der Welt gehabt? Wer von Ihnen wäre nicht gern die beste Mutter oder der beste Vater auf dieser Welt?

Es erscheint im Moment einfacher, bei Problemen zuerst einmal den »Fehler« oder die »Schuld« bei dem anderen zu sehen und zu suchen. Nur führt dieser Weg, wie Sie selbst sicher schon erfahren haben, meist nicht zu dem gewünschten Erfolg. Wir verharren bei einem solchen Versuch in einer ohnmächtigen Abhängigkeit, denn wir machen unser Glück von dem Verhalten, dem Änderungswunsch des anderen abhängig. Wir verwenden all unsere Energie auf den anderen und dessen Schwächen. Und was ist mit den eigenen? Uns selbst zu verändern kostet ebenfalls Energie und löst Angst vor dem Neuen aus. Wir sind jedoch auf dem Weg zu uns selbst den anderen nicht ausgeliefert, wir können unsere Ideen, unsere Kraft für uns nutzen, anstatt unsere Energie bei dem vergeblichen Versuch, die anderen zu ändern, zu verschwenden.

Allein der Blick in das eigene Innere wird der erste wichtige Schritt sein. Dabei hilft es Ihnen, sich im Spiegel Ihrer Kinder zu betrachten, denn es gibt niemanden sonst, der Ihnen so klar, so ehrlich und mit so viel Liebe und Nachsicht das innere Abbild Ihrer Seele vor Augen hält wie Ihre Kinder.

Kinder merken, was ihre Eltern fühlen

Viele Eltern sind der Ansicht, dass Kinder doch ihre Gedanken und Gefühle nicht lesen können, solange sie sich nichts anmerken lassen, und sagen dann: »Wie sollen denn meine Kinder wissen, was ich nicht einmal selber weiß!?«

Ich selbst habe das auch geglaubt, bevor ich mich mit der Wirkung des Unbewussten auf uns selbst und andere beschäftigt habe und bevor ich immer wieder in meiner beruflichen Arbeit damit konfrontiert worden bin, dass Kinder der lebendige Spiegel der Elternseele sind und zwar der ganzen Seele – auch deren »vergessener« Seiten. Je jünger die Kinder sind, desto mehr sind sie mit Ihrer Seele in direktem Kontakt. Bevor Sie mich für total verrückt erklären, möchte ich Ihnen drei Beispiele nennen, die Sie vielleicht zum Nachdenken anregen.

Die fünfjährige Katja nahm in meinem Spielraum immer wieder eine kleine Puppe auf den Arm und ließ sie plötzlich voller Schreck fallen. Wir konnten alle dieses Spiel nicht verstehen, bis sich die Mutter traute, mir mit schrecklichen Schuldgefühlen zu erzählen: Sie habe ihre Tochter nach der Geburt in dem sicheren Glauben an einen Sohn auf dem Arm gehabt. Als ihr die Kinderschwester dann sagte, dass es ein Mädchen sei, habe sie vor lauter Schreck das Kind fallen lassen. Die Mutter hat sich bis dahin schlimme Vorwürfe deswegen gemacht und sich selbst diese Reaktion nicht verzeihen können.

Als die Mutter jedoch in unseren Gesprächen verstehen und auch empfinden konnte, dass es doch durchaus menschlich sei, bei einer solchen unvermuteten Eröffnung (ihr Frauenarzt hatte der Mutter aufgrund des Ultraschalls versichert, dass ihr Kind ein Junge werde) zu erschrecken und »falsch« zu reagieren, fühlte sich die Mutter entlastet. Sie

128

konnte nun endlich mit ihrer Tochter offen darüber reden. Das Spiel des Mädchens trat nicht mehr auf.

Der achtjährige Thomas war zu mir zur Behandlung gekommen, weil er stets vor sich hin träumte, in der Schule nicht aufpasste und sich nicht konzentrieren konnte.

Er begann gleich in der zweiten Therapiestunde damit, eine große Burg im Sandkasten zu bauen, und sagte: »In der Burg ist ein Geheimnis vergraben, wenn es gefunden ist, dann weiß ich, was mich quält.«

Bei der »Suche nach dem Geheimnis« teilten mir Thomas' Eltern im Verlauf der Behandlung nach langem Zögern mit, dass Thomas ein adoptiertes Kind sei, das sie gleich im Krankenhaus nach seiner Geburt mit zu sich genommen hätten. Aber weder Thomas noch irgendjemand sonst wisse etwas davon, denn Thomas sei von Anfang an als ihr leibliches Kind ausgegeben worden, und sie hätten ihn auch genauso lieb.

Nachdem wir gemeinsam über die Angst der Eltern vor der Wahrheit sprechen und sie verstehen konnten, waren die Eltern innerlich bereit und auch stark genug, um mit Thomas über das »Geheimnis« zu reden. Daraufhin kam Thomas das nächste Mal strahlend zu mir in die Stunde und zeigte mir seine Geburtsurkunde mit den Worten: »Ich hab's. Das war's, was in der Burg verborgen war!«

Thomas hatte genau gespürt, dass die Eltern etwas Wichtiges vor ihm verbargen. Es hatte ihn beunruhigt, sogar geängstigt, weil er glaubte, dass es etwas sehr Schlimmes sein müsste, wenn er es nicht wissen durfte. Kein Wunder, dass er in der Schule ständig unkonzentriert gewesen war!

Im letzten Beispiel war den Eltern ihr Handeln bewusst, sie hatten das Geheimnis nicht verdrängt, sie konnten sich nur überhaupt nicht vorstellen, dass Thomas etwas davon merken würde. Ich habe auch häufig erlebt, dass adoptierte Kinder, die nicht genau über ihre Herkunft informiert worden sind, angefangen haben zu lügen. Sie haben damit die Lebenslüge ihrer Adoptiveltern ausgelebt.

Ich könnte Ihnen noch viele Beispiele nennen, die Ihnen zeigen, dass Kinder die Seele ihrer Eltern sehr genau erspüren und darauf reagieren. Wenn zwischen dem gelebten Handeln und den inneren Gefühlen der Eltern eine zu große Diskrepanz besteht, wenn also Eltern ihren Kindern etwas sagen oder beibringen wollen, was mit ihren unbewussten Wünschen im Widerspruch steht, kann die Kinderseele beginnen zu leiden. Das Kind weiß nicht, auf welche Botschaft es antworten soll, und fühlt sich automatisch von den Eltern nicht verstanden. Es befindet sich in einer Zwickmühle zwischen einer bewussten und einer unbewussten Seite der Eltern. Sie als Eltern können die Antwort des Kindes nur verstehen, wenn Sie sie als Wegweiser nehmen, der Sie zu Ihrer verschlossenen Kammer in Ihrer Seele führen kann.

Anhand der noch folgenden weiteren Beispiele werden Sie sehen, in welch faszinierender Weise unsere Kinder der Schlüssel zu unseren verschlossenen und geheimen Zimmern sind.

Ich habe versucht, unter der Vielzahl an Möglichkeiten diejenigen auszuwählen, die mir während meiner beruflichen Arbeit am häufigsten begegnet sind und von denen ich meine, dass sie uns allen irgendwie bekannt vorkommen.

Dabei möchte ich erneut betonen, dass die jeweiligen Verkleidungen unserer Seelenteufelchen individuell völlig verschieden sind und dass zu jedem Schloss ein anderer Schlüssel gehört. Dennoch werden Sie bei dem einen oder anderen Beispiel Ansätze wieder erkennen, die Ihnen vertraut erscheinen.

130

Krank machende Verknüpfungen, tränenreiche Spiegel

Das Kind als emotionaler Brunnen der Liebe

Unter den vielfältigen Motivationen für einen Kinderwunsch spielt vor allem bei Müttern die Sehnsucht nach Liebe eine große Rolle. Dabei ist es – bei aller Bereitschaft – gar nicht leicht, zwischen dem Wunsch, Liebe zu geben, und der Sehnsucht, Liebe zu bekommen, zu trennen und sich darüber klar zu werden, welche der beiden Wünsche überwiegt. Jeder kennt das aus Partner- oder Freundschaft. Umarmen Sie Ihre Partnerin oder Ihren Partner, weil Sie spüren, dass der andere jetzt gerade Ihre Zärtlichkeit braucht? Oder wünschen Sie selbst sich gerade körperliche Nähe? Beides ist legitim, verschmilzt normalerweise ineinander und darf auch ausgelebt werden. Am besten, indem man es sich ehrlich eingesteht.

Und wie ist es bei Ihren Kindern? Wir alle wissen, dass ein Säugling unsere ganze Liebe, Wärme und Geborgenheit braucht. Aber rührt nicht gerade solch ein winziges Wesen, das uns so schutzlos ausgeliefert ist, an unsere eigenen Säuglingsgefühle, sprich an unser Urbedürfnis nach alles umfassender Geborgenheit? Niemand kann sich bewusst daran erinnern – und gerade deshalb weckt solch ein kleines hilfloses Wesen in uns neben den mütterlichen auch die eigenen schlummernden Wünsche nach der ungetrennten seligen Einheit zwischen Mutter und Kind.

131

Kinder mit größeren emotionalen Defiziten haben sehr oft Mütter, deren eigene Mütter sie – aus unterschiedlichen Gründen – nicht ausreichend mit Liebe haben versorgen können.

Denken Sie an das Bild des Brunnens, von dem schon früher die Rede war: Wie sollen Sie aus einem leeren Brunnen schöpfen können? Umso verständlicher ist es, dass Sie sich unbewusst in Ihrem Baby selbst erkennen und mit ihm Ihre eigene unerfüllte Sehnsucht nach der paradiesischen Mutter aufflammt.

Ganz Ähnliches läuft häufig auch in Vätern ab. Auch sie, die meist noch in größerem Maße als Frauen lernen mussten, ihre kindlichen Sehnsüchte zu unterdrücken, werden plötzlich neidisch auf das Baby. Sie machen ihren Partnerinnen Vorwürfe, dass sie sich viel zu sehr mit dem kleinen Kind beschäftigen, und sehnen sich dabei unbewusst selbst nach der idealen Mutter, die nur für sie da sein sollte. Wenn Sie als junger Vater Ihre Mutter auch zu häufig entbehren oder mit vielen anderen Geschwistern teilen mussten, dann werden Sie es schwer haben, Ihrer Frau jetzt zur Seite zu stehen und ihr zu helfen, den Brunnen aufzufüllen. Sie werden sich sicher alle Mühe geben, aber im Grunde möchten Sie selbst aus dem Brunnen trinken.

Das folgende Beispiel aus meiner Praxis bringt Sie vielleicht näher an Ihre eigenen – gut verständlichen, aber verdrängten – Gefühle heran:

Frau Koch kam verzweifelt in meine Praxis, weil sie ein so genanntes Schreibaby hatte. All ihre Versuche, das Baby zu beruhigen, waren misslungen. Auch ihr Kinderarzt wusste keinen Rat, das Baby war körperlich völlig gesund. Frau Koch fühlte sich hilflos und verletzt, als Mutter ungenügend und wertlos. Und natürlich war sie sich auch des schrecklichen Kreislaufs bewusst, der darin bestand, dass sie sehr wütend auf das Baby wurde und es bereute, überhaupt ein

132

Kind zu haben, und danach entsprechend große Schuldgefühle bekam. Am Ende des Tages standen Erschöpfung und Enttäuschung. Zu dieser Misere kam hinzu, dass der Vater des Kindes sich bereits ein separates Zimmer außerhalb der gemeinsamen Wohnung gesucht hatte, weil er das Geschrei nicht mehr ertragen konnte und all seine Kraft für seine berufliche Tätigkeit benötigte.

Frau Koch konnte ihren Ehemann sehr gut verstehen (zu gut!) und fühlte sich ganz allein verantwortlich für die äußerst schwierige Situation und auch »schuldig«.

Als sic sich in ihre eigene Kindheit zurückversetzte, wurde deutlich, dass sich Frau Kochs Eltern kurz nach ihrer Geburt (als drittes Kind) getrennt hatten und sie bei einer Tante aufgewachsen war, weil ihre Mutter nach der Trennung »keinen Nerv« mehr für ein Kind hatte.

Frau Koch hatte in der Zwischenzeit eine gute Beziehung zu ihrer eigenen Mutter entwickelt und war daher niemals auf die Idee gekommen, dass sie unbewusst durch ihr Baby hindurch nach Liebe und Geborgenheit schrie, dass ihr Baby statt ihr Tränen vergoss, nämlich ihre eigenen kindlichen Seelentränen. Wie Frau Koch als Kind »verstehen« konnte, dass ihre Eltern sich getrennt hatten und dass ihre Mutter daher zu wenig Zeit und Kraft für sie hatte, konnte sie auch jetzt sofort ihren Mann verstehen und nahm wieder alle Verantwortung auf sich.

Dieses Verständnis für die anderen stellte für sie eine Möglichkeit dar, sich vor den unerträglichen Verletzungen ihrer Seele zu schützen: »Was ich verstehe, tut mir nicht mehr weh.«

Als Frau Koch nun ihr damaliges Schicksal in ihrer momentanen Situation erneut durchleben konnte, wurden ihre zugekitteten, aber nicht verheilten Wunden wieder spürbar. Und als sie ihre Tränen, ihre Trauer über ihr Schicksal zulassen konnte, beruhigte sich das Baby zusehends. Die

Seele der Mutter konnte heilen, die Seele des Babys blieb dadurch vor anhaltenden Verletzungen geschützt.

Auch bei Herrn Koch, der ebenfalls bereit war, an Gesprächen teilzunehmen, wurde eine traurige Parallele deutlich: Sein Vater hatte als freischaffender Künstler gearbeitet und sich stets von den lärmenden (!) Kindern zurückgezogen. Die Verantwortung für die vier Kinder überließ er allein der Mutter.

Die Kochs haben inzwischen drei seelisch gesunde Kinder, führen eine gute Partnerschaft und sind glücklich, dass sie beide den Mut hatten, die ungeweinten Tränen aus der eigenen Kindheit aufzuspüren.

Natürlich müssen nicht alle Babys ähnlich sensibel auf die ungeweinten Tränen der Eltern reagieren. Häufig gleicht sich das Geben und Nehmen bei Eltern und Kindern – auch wenn sie eine schwierige Kindheit hatten – relativ gut aus. Aber wenn Babys auffallend viel weinen und schwer zu beruhigen sind, ohne dass äußere Gründe oder Krankheiten die Ursache sind, dann sollten Sie eine möglicherweise unbewusste Wiederholung Ihrer eigenen Geschichte nicht ausschließen und sich helfen lassen.

Sehnsucht nach kindlicher Geborgenheit

Wir alle geben unsere als Kinder erlebten Muster an unsere Kinder weiter, ohne uns dessen bewusst zu sein und ohne es zu wollen.

Alle Eltern – so glaube ich – wollen alles nur erdenklich Gute für ihre Kinder, jedoch: Zwischen dem, was wir wollen, und dem, was wir können, klafft oft ein großer Graben, auf den uns unsere Kinder aufmerksam machen. Unsere Kinder erinnern uns unbewusst an uns selber, als wir

134

ebenso klein waren. In ihnen wachen die eingemauerten Kellergeister, unsere kindliche Sehnsucht nach totaler Liebe und Geborgenheit wieder auf. Solange sie von uns selbst nicht erkannt werden, bleibt der innere Brunnen leer. Wie Sie anhand des letzten Beispiels haben sehen können, rivalisieren wir unbewusst mit unseren eigenen Kindern, weil das durstige Kind in uns selber schreit.

An einem weiteren Beispiel möchte ich Ihnen verdeutlichen, wie der »leere Brunnen« von Eltern über einen langen Zeitraum wirksam bleiben kann.

Frau Lange kam mit ihrer zwölfjährigen Tochter Anna zu mir, weil diese immer wieder – auch in der Öffentlichkeit – am Daumen lutschte, ohne sich beherrschen zu können. Natürlich war es ihr selbst äußerst peinlich, denn wer lutscht schon in diesem Alter noch am Daumen?

Anna war ansonsten ein außerordentlich tüchtiges und intelligentes Mädchen, das das Gymnasium besuchte und im Freundeskreis gut integriert war. Sie konnte deshalb selber überhaupt nicht verstehen, weshalb sie diesen »Tick«, wie sie es nannte, hatte und weshalb sie nicht damit aufhören konnte.

Im Verlauf der Therapie erinnerte sich Anna im Gespräch und über spontan (also aus dem Unbewussten kommend), gemalte Bilder, gestaltete Objekte und über Träume an Situationen, in denen sie als kleines, hilfloses Mädchen von ihren Eltern über längere Zeit allein gelassen worden war.

Auch hatte Anna unter schlimmen Alpträumen gelitten und aus Angst im Bett der Eltern Schutz gesucht. Sie ist jedoch immer wieder hinausgeworfen worden. Obwohl sie gejammert, geschrien und ihre Eltern angefleht hatte, bei ihr zu bleiben oder sie im Elternbett zu trösten, seien diese unberührt geblieben von ihrem Kummer, ja hätten sie des Egoismus und der Hysterie bezichtigt. Anna hatte damals versucht, sich mit eigenen Geschichten und Phantasien abzulenken und ihre große Angst vor dem Alleinsein zu

»vergessen«, um sich selbst und das Bild ihrer Eltern zu schützen. Das Daumenlutschen verwies auf ihre »Kellergeister«. Bei Anna hießen sie: unterdrückte Wut und Sehnsucht nach Schutz und Geborgenheit.

Unbewusst versuchte Anna, ihre damalige Angst und ihre Sehnsucht mit dem Daumenlutschen zu beruhigen und sich damit selbst zu trösten, obwohl sie mit zwölf Jahren andere Möglichkeiten hätte finden können. Aber unbewusstes Leiden kann niemand verarbeiten. Erst wenn wir es wieder ins Bewusstsein holen, es erneut fühlen, kann die Wunde von innen heraus heilen.

Annas Eltern wirkten auf mich sehr liebevoll und besorgt um ihre Tochter. Umso mehr fragten wir uns, wie es zu Annas Erleben kommen konnte.

Als sich die Eltern an ihre eigene Kindheit erinnerten, stellte sich heraus, dass Annas Mutter als uneheliches Kind von ihrer eigenen Mutter oft versteckt worden war und dabei schlimme Ängste auszustehen hatte, von der Mutter in ihrem Versteck vergessen zu werden. Sie hatte sich aber nie getraut, zu schreien oder gar wütend zu sein, da sie befürchtete, dann von der Mutter ganz weggeschickt zu werden.

Annas Mutter erinnerte im Verlauf der Behandlung viele Erlebnisse, bei denen sie stundenlang völlig allein gelassen, gelegentlich auch eingesperrt gewesen war. Ihre Mutter habe sie auch noch angeschrien und geschlagen, wenn sie geweint habe, da sie Angst hatte, dass die Nachbarn den »Balg« entdecken würden.

Durch das Öffnen dieser alten Wunden wurde Annas Mutter mit Entsetzen klar, dass sie ihrer Tochter auch sehr wehgetan hatte, obwohl sie gerade das hatte verhindern wollen.

Im weiteren Verlauf der Therapie konnten Mutter und Tochter gemeinsam ihre Tränen weinen und dadurch eine neue, innige Beziehung zueinander aufbauen.

136

Annas Vater hatte als Säugling seine Mutter verloren und war dann in einem Heim aufgewachsen, in dem er ebenfalls häufig allein gelassen worden war und in dem er vor allem niemanden hatte, der seine kindlichen Ängste verstanden hätte. So war auch er im Inneren erstarrt und gegen das Weinen und Schreien seiner kleinen Tochter immun gewesen. Er hatte ihr Verhalten als unverschämt empfunden und wollte sich nicht von ihr »tyrannisieren« lassen. An die eigene Einsamkeit während seiner Kindheit wollte er unbewusst nicht erinnert werden.

Beide Eltern hatten stets in dem Glauben gehandelt, auf ihre Tochter positiv einzuwirken. Annas Weinen und Jammern sind bei ihnen auf verschlossene Seelentüren gestoßen. Erst die Wiederbelebung der eigenen Kindheitsgeschichte mit den entsprechend verdrängten Gefühlen und das auf diese Weise gewonnene Verständnis halfen ihnen, jene Verletzungen, die sie ihrerseits ihrer Tochter zugefügt hatten, zu spüren und dadurch mehr Sensibilität zu entwickeln. Die Therapie half ihnen, ihren inneren Brunnen wieder aufzufüllen.

Ein weiteres Beispiel aus der Gefühlswelt junger Väter mag vielleicht manchem männlichen Leser bekannt vorkommen:

Familie Albert meldete ihren vierjährigen Sohn Felix an, weil er sowohl einnässte als auch häufig einkotete. Der hochsensible und sehr intelligente kleine Bub zeigte im Spiel immer wieder, wie ein kleiner Junge zwischen zwei Fronten geriet, die sich gegenseitig bekämpften.

Diese Spielfigur war schutzlos beiden Kampfseiten ausgesetzt.

Was konnte das bedeuten?

Beide Eltern wirkten auf mich überlegt und intelligent, sie hatten sich intensiv mit der Erziehung von Kindern beschäftigt und viel gelesen. Daher waren sie umso ratloser und konnten sich die Auffälligkeiten ihres Sohnes nicht erklären.

Die Lebensgeschichte des Vaters brachte zutage, dass er nach der Trennung seiner Eltern von seiner Mutter im Alter von vier Jahren von heut auf morgen, ohne jegliche Vorwarnung, verlassen worden war. Auch in früheren Jahren – so erinnerte der Vater aus Erzählungen von Nachbarn und Freunden der Eltern – habe seine Mutter ihn häufig allein in einem kalten, dunklen Zimmer schlafen lassen, obwohl er sehr viel Angst im Dunkeln hatte. Seinen Vater erinnerte er als einen emotional sehr kargen, rauen Mann, der keine liebevollen Gefühle zeigen konnte. Als Kind hatte er aber doch gewusst, dass sein Vater ihn sehr mochte.

Im Alter von sechs Jahren bekam er eine Stiefmutter, die offenbar äußerst eifersüchtig auf den Jungen war, ihn zwar äußerlich gut versorgte, aber ansonsten recht lieblos behandelte und dafür sorgte, dass er im Alter von zehn Jahren in ein Internat kam.

Herr Albert hat nun als junger Vater alles versucht, seinem Buben ein ähnliches Schicksal zu ersparen. Aus rationaler Sicht war er sehr froh, dass Felix so liebevoll von seiner Frau umsorgt wurde. Im Unterbewusstsein spielten ihm seine Kellergeister jedoch üble Streiche.

Er konnte es zum Beispiel nicht ertragen, wenn seine Frau das Kind stillte. Er tat dies nicht, weil er tiefen Neid spürte, sondern erklärte seinen Unwillen damit, dass das Stillen den Busen einer Frau hässlich mache und dass es für kleine Buben nicht gut sei, wenn sie so an die Mutter gebunden würden. So gerieten die Alberts immer in Streit, wenn Mutter und Sohn liebevoll miteinander umgingen. Auch wenn die Mutter den weinenden Sohn trösten wollte, wurde der Vater aggressiv und warf seiner Frau vor, dass sie das Kind verweichliche, schließlich solle mal ein »Kerl« aus ihm werden.

138

Man kann sich gut vorstellen, dass dieser Vater viele seiner Seelentränen hat verschlucken müssen und seine Sehnsucht nach mütterlicher Liebe, nach Schutz und Trost jetzt im Keller geisterte.

Seine Kellergeister regten sich immer dann besonders, wenn er bei seinem Sohn mit seiner eigenen kindlichen Seele erneut in Berührung kam. Um die Sehnsucht und damit den Neid nicht registrieren zu müssen, versuchte Herr Albert unbewusst, diese Situationen zu verhindern. So war Felix in der Tat zwischen die Fronten geraten. Er erlebte zu wenig, dass beide Eltern gemeinsam für ihn da waren. Stattdessen musste er befürchten, dass er mit seinen Wünschen nach Liebe und Schutz, die er seiner Mutter gegenüber zum Ausdruck brachte, einen Streit bei den Eltern auslöste.

Als der Vater seine eigentlichen Gefühle und Wünsche wieder bewusst spüren konnte, konnte er sie als Erwachsener verarbeiten und musste sie nicht mehr an seinem Sohn ausleben.

Diese Beispiele mögen genügen, um Ihnen exemplarisch aufzuzeigen, wie die verborgenen und verdrängten Seelentränen von Eltern das Verhalten ihren Kindern gegenüber mitbestimmen, und das trotz aller bewussten Versuche, es viel besser zu machen als die eigenen Eltern.

Nie mehr allein!

Neben der Sehnsucht sind es vor allem unbewusste Ängste, die unser Verhalten beeinflussen.

Sehr viele Eltern, die ein Kind bekommen haben, leben in der mehr oder weniger bewussten Illusion, endlich einen Menschen zu haben, der auf ewig und immer mit ihnen verbunden ist.

Die Ängste vor Einsamkeit und innerer Leere und die Sehnsucht nach erfüllter Zweisamkeit treten gerade in der heutigen Zeit besonders häufig auf, denn Partnerschaften brechen auseinander und sind wenig verlässlich, obwohl Schlagertexte und Liebesromane nach wie vor den Traum vom ewigen Glück nähren.

Religion und Traditionen haben an Einfluss verloren und geben nur noch wenigen Menschen Halt und Geborgenheit. Aufgrund dieser allgemeinen Leere werden unsere Kinder heute mit einer besonderen Hypothek belastet: Sie sollen diese Lücke füllen, uns das Gefühl von Zusammengehörigkeit und Zusammenhalt garantieren und uns die innere Einsamkeit nehmen. Während der Schwangerschaft und auch noch in der ersten Zeit mit dem Säugling und dem Kleinkind, da niemand – nicht einmal der Vater – diese Symbiose ins Wanken bringen kann, haben wir ein Stück vom ersehnten Paradies gekostet.

Was aber geschieht, wenn das Kind die ersten eigenen Schritte geht und die einstige Innigkeit langsam, aber immer deutlicher aufkündigt?

Nun wird die Angst vor dem Verlassenwerden, vor dem Alleinsein bei der Mutter und – mit Abstrichen – auch dem Vater erneut lebendig.

Oft sind Eltern wider alle Vernunft über diese Entwicklung so tief enttäuscht, dass sie alles daransetzen, sie aufzuhalten oder sie einfach zu ignorieren. Je nach dem, wie sehr Eltern ihr eigenes Leben ganz auf dieses neue, ersehnte Gefühl von inniger Zweisamkeit eingestellt haben, wird der gesunde Wunsch des Kindes nach Ablösung von den Eltern als unerträgliche Bedrohung erlebt.

Manche Eltern entscheiden sich zu einem zweiten oder dritten Kind, um die Lücke, die das erste Kind entstehen lässt, schnell wieder zu füllen. Ich kannte eine Familie, die aus diesem Grund neun Kinder hatte. Dabei waren die

140

jeweils älteren Kinder jedes Mal mit dem Gefühl belastet worden, dass das Größerwerden mit dem Verlust an Liebe verknüpft ist, da ihre Mutter nur noch mit dem neuen Baby verbunden war.

In vielen Familien gibt es heutzutage jedoch nur ein Kind. Die ganze Last des elterlichen Glücks lastet auf ihm. Wie aber soll ein Kind diese Bürde, diese Verantwortung tragen?

Auch hierzu ein Beispiel:

Die fünfjährige Karin wurde über den Kinderarzt zur Therapie angemeldet, weil sie nicht in den Kindergarten gehen wollte und mit niemandem redete außer mit den Eltern.

Beide Eltern waren darüber nur insofern besorgt, als Karin bald eingeschult werden sollte und dies ohne Kontakt, ohne die Bereitschaft zu sprechen nicht möglich schien.

Frau Walzer hatte sich ganz der Erziehung des Kindes gewidmet, und auch Herr Walzer verbrachte so viel Zeit wie nur möglich mit seiner Tochter. Beide Eltern waren selbst sehr glücklich mit ihrem Kind. Der innere Stillstand von Karins seelischer Entwicklung war ihnen gar nicht bewusst, sie konnten und wollten (!) an ihrer Tochter nichts Ungewöhnliches wahrnehmen.

Karins Ablehnung des Kindergartens erklärten die Eltern mit der »zu strengen Kindergärtnerin« und den »bösen anderen Kindern«. Auch die Tatsache, dass andere Kinder nicht mit Karin spielen wollten, weil sie sich weigerte, mit ihnen zu reden, störte die Eltern nicht, denn Karin gab ihnen zu verstehen, dass sie am glücklichsten mit ihren Eltern sei. Der Traum von absoluter, ausschließlicher Liebe!

Als ich Karin zum ersten Mal sah, war ich sehr erschrocken. Karin war ein äußerst zartes, blasses Mädchen, das sich kaum bewegte und nur auf dem Schoß der Mutter saß. Sie war für ihr Alter auch körperlich viel zu klein. Natürlich nahm Karin auch mit mir zunächst keinen Kontakt auf, so dass in ihren Therapiestunden entweder die Mutter oder der Vater anwesend sein mussten.

Wie konnte es geschehen, dass den Eltern der Entwicklungsstillstand ihrer Tochter nicht bewusst werden durfte?

Im Verlauf der Therapie fanden wir heraus, dass Karin die übergroße Angst der Eltern vor einer Trennung gespürt und schließlich selbst übernommen hatte und alles daransetzte, die Eltern nicht unglücklich zu machen.

Frau Walzer wurde sich während der Therapie langsam bewusst, dass sie ihre Tochter wie »eine Hälfte« ihres Körpers erlebte und jeder ihrer Schritte in Richtung Unabhängigkeit Todesängste bei ihr auslöste. Sie war in ihrer einsamen Seele so sehr mit Karin verschmolzen, dass allein die Vorstellung einer Ablösung ihr körperliche Schmerzen verursachte.

Auch in diesem Fall hatte das innere Erleben der Mutter seine Wurzeln in der Beziehung zu ihrer eigenen Mutter, mit der sie noch sehr eng verbunden war. Täglich musste sie sie dreimal anrufen, um sie vor einem Herzversagen zu bewahren!

So wie Frau Walzer sich für das Leben ihrer Mutter verantwortlich fühlte, glaubte auch Karin, für das Glück ihrer Mutter zuständig zu sein. Erschwerend kam hinzu, dass auch der Vater in seiner Kindheit schwer belastet worden war: Als er vier Jahre alt war, erstickte sein kleiner Bruder mit zwei Jahren in Abwesenheit der Eltern an einem Stück Brot. Der Vierjährige hatte dem Jüngeren im Kinderbett zu essen gegeben, weil er geweint hatte. Seine Eltern haben ihm die Schuld am Tod des kleinen Bruders gegeben, so jedenfalls hatte es Herr Walzer empfunden. Eine Last, die das Kind verdrängen musste, um seelisch zu überleben.

Als Vater empfand Herr Walzer aus für ihn bisher unverständlichen Gründen jeden unbewachten Schritt seiner Tochter als Todesgefahr, so dass er all ihr Tun kontrollieren

142

und bewachen »musste«. Nachts fürchtete er, dass Karin ersticken könnte, er ließ sie deshalb immer im Bett der Eltern schlafen.

Karin hat ihre Eltern instinktiv vor dem Bewusstwerden ihrer eigenen tiefen Ängste geschützt, indem sie ihnen »den Gefallen« tat, immer und einzig allein auf ihre Unterstützung angewiesen zu sein, sie konnte und wollte sich mit niemandem sonst verständigen.

Auf immer unzertrennlich!

Die Angst, das Kind freizulassen, muss natürlich nicht immer so elementar und existentiell bedrohlich sein wie im obigen Beispiel. Ich erlebe in meiner Praxis jedoch häufig Kinder mit Trennungsängsten.

Meist schützen diese Kinder ihre Eltern vor deren Ängsten, indem sie diese an ihrer statt ausleben. Die Kinder wollen nicht in den Kindergarten gehen, nicht vom so genannten Rockzipfel der Mutter weichen, ihre Mutter nicht aus dem Haus gehen lassen, nicht bei anderen Kindern übernachten oder vorübergehend bei Nachbarn, Freunden oder auch Verwandten wie z.B. Großeltern bleiben. Ihre Reaktionen sind meist nicht so drastisch wie bei Karin, dadurch aber auch schwieriger als Symptom für die Ängste der Eltern zu erkennen. Den Müttern ist es meist lästig. Sie erleben auf der bewussten Ebene den klammernden Teil ihres Kindes als einengend und sogar bedrängend. Väter werden in der Regel ungeduldig, weil sie sich von der innigen Zweisamkeit zwischen Mutter und Kind ausgeschlossen fühlen. Sie halten sich für überflüssig, glauben, abgelehnt zu werden, ja fühlen sich sogar entwertet und ziehen sich daraufhin umso mehr in ihre Berufstätigkeit zurück, um die Verletzung nicht so zu spüren. Dadurch fühlen sich wiederum die Mütter im Stich gelassen und klammern sich nun ihrerseits an ihre Kinder. Der unbewusste Wunsch der Mütter nach einer ewigen Bindung des Kindes vertieft sich, und das Kind reagiert entsprechend.

Kinder dieser Eltern gehen anfangs auch nur sehr ungern in die Therapie. Das ändert sich meist relativ schnell, und dabei wird auch ihr innerer Konflikt deutlich. In den Stunden spielen sie begeistert und zeigen deutlich, wie gern sie kommen. Zu Haus bei ihren Eltern dagegen beklagen sie sich über die »blöde Therapie«, sie signalisieren Lustlosigkeit und Desinteresse.

Warum tun sie dies? Sie schützen ihre Mütter vor der eigenen Angst, die Liebe ihres Kindes, die bisher ausschließlich ihnen gegolten hat, an andere, sprich an die Therapeutin, an die Kindergärtnerin, an eine kleine Freundin, ja sogar an den Vater zu verlieren.

Sehr häufig erleben besonders wir Frauen die Hinwendung und Begeisterung der von uns geliebten Menschen zu einem Dritten, einem Hobby oder der beruflichen Arbeit als einen Verlust an Liebe uns gegenüber.

Die Mutter-Kind-Beziehung verlangt von der Mutter die intensivste Form der Liebe, wobei gerade diese Liebe dem Kind helfen soll, sich von der Mutter weg zu entwickeln und unabhängig zu werden. Dies ist immer mit Schmerz und Verlust verbunden, denn das von uns geliebte Kind nach und nach in die Welt zu entlassen bedeutet einen Weg ständigen Abschiednehmens. Je stabiler und gesünder das seelische Befinden einer Mutter ist und je leichter ihre eigene Mutter sie gehen lassen konnte, desto eher kann sie ihr Kind freigeben und es seine eigenen Erfahrungen machen lassen. Sie hat nämlich als Kind erlebt, dass das Band der Liebe zur Mutter mit zunehmender Unabhängigkeit nicht zerschnitten wurde, und kann dieses Urvertrauen an ihr Kind weitergeben.

144

Wenn eine Mutter aber erfahren musste, dass sie selbst von ihrer Mutter festgehalten und für deren Angst vor Einsamkeit herhalten musste, wird es ihr sehr schwer fallen, das eigene Kind nicht unterschwellig mit den alten Ängsten zu belasten.

Wenn ihr ihre eigene Angst jedoch bewusst ist und sie offen mit ihrem Mann und dem Kind darüber sprechen kann, können beide ihr dabei helfen. Auf jeden Fall weiß das Kind jetzt das Verhalten der Mutter einzuordnen. Es hat die Möglichkeit, sich gegen das Klammern zu wehren oder aber auch der Mutter bewusst zu zeigen, dass diese umso mehr geliebt wird, wenn sie loslassen kann.

So sagte ein vierjähriger Bub zu seiner Mutter, als er am Ende seiner Therapie in den Kindergarten eintrat: »Mama, brauchst nicht traurig sein, ich komme ja wieder.«

Kinder können nur dann lustvoll ihren eigenen Weg gehen, wenn ihre Eltern zeigen, dass sie sich über die Selbständigkeit des Kindes freuen, ja stolz auf es sind.

Dass man auch traurig, melancholisch auf einen »Abschied« reagiert, ist völlig normal und gehört dazu. Nur sollte man versuchen, dieses Gefühl nicht zu überspielen oder gar zu verdrängen. Denn für ein Kind ist es sehr belastend, wenn eine Mutter ihre eigentlichen Ängste und Wünsche nach wohliger Zweisamkeit (oder auch Symbiose) zwar spürt, aber nicht wahrhaben will, weil sie vom Kopf her weiß, dass eine so genannte »gute« Mutter ihr Kind loslassen muss. Da sie ihrem Kind eine gute Mutter sein will, verdrängt sie diese unerlaubte Angst und zeigt sich betont souverän und »glücklich« darüber, dass ihr Kind sie nicht mehr so beansprucht. Das Kind aber spürt den inneren Konflikt der Mutter und bekommt Angst davor, wie die Mutter wohl reagieren würde, wenn es wirklich das täte, was die Mutter zwar sagt, aber nicht meint.

Nun möchte ich hier aber auch gleich vor dem anderen Extrem warnen: Stellen Sie sich vor, jemand, den Sie sehr lieb haben, sagt ständig zu Ihnen: »Ich wäre froh, wenn du dich mal endlich von mir lösen und nicht immer so an mir kleben würdest!« Wie wirkte das auf Sie? Fühlen Sie sich herausgeworfen? Lästig? Ungeliebt?

Stellen Sie sich vor, Ihre Mutter hätte zu Ihnen gesagt: »Ich sehne den Tag herbei, an dem du das Haus verlässt und selbständig bist.«

Als Kinder wissen wir zunächst einmal, dass das ohnehin nicht stimmt, es sei denn, wir hätten wirklich eine so genannte »böse« Stiefmutter wie im Märchen. Wir wollen aber auch spüren, dass wir geliebt werden, deswegen sollen die anderen – sei es die Mutter oder der Vater, unser Partner oder unser Kind – auch ein wenig traurig sein, wenn wir weggehen.

Und noch viel wichtiger, ja geradezu existenziell ist das für ein kleines Kind. Wenn Kinder sich weggeschickt fühlen oder – wie oben beschrieben – tatsächlich weggeschickt werden, erzeugt das einen ebenso problematischen Bindungsmechanismus wie das Festhalten.

Außerdem versteckt sich hinter einer übertriebenen und damit verletzenden Form des Loslassens in der Regel der ins Gegenteil verkehrte Wunsch nach Klammern. Die Angst vor dem Verlust des Kindes wird durch das »Wegschicken« quasi vorweggenommen.

Wenn ich beispielsweise meinem Kind vorschlage, doch mal bei einem Freund oder einer Freundin zu übernachten, ist das etwas anderes, als wenn das Kind von sich aus den Wunsch äußern würde.

Im ersten Fall bin ich die Aktive, die die Fäden noch in der Hand hält, im zweiten Fall ergreift das Kind selbst die Initiative. Hier muss ich mich auch mit dem Verlust meiner bisherigen Rolle als Dreh- und Angelpunkt für alles Tun meines Kindes auseinander setzen.

146

Lustvoll kann ein Kind seinen eigenen Weg gehen, wenn die Mutter sowohl ihre Traurigkeit zeigt als auch ihre Freude daran, dass das Kind größer wird und viele neue Fähigkeiten erlernt.

Der zehnjährige Benjamin hat am Ende einer dreijährigen Therapie zu mir gesagt: »Ich weiß, dass du auch traurig bist und an mich denken wirst. Das macht mich froh.« Seine Freude hieß nicht, dass er glücklich war, weil ich traurig war, sondern dass er wusste, dass ich ihn lieb gewonnen hatte und daher auch den Schmerz der Trennung – ebenso wie er – spürte. Kinder – und auch wir Erwachsene – brauchen dieses innere Band der Liebe auf dem Weg in die Individuation, das heißt auch ins Alleinsein. Wenn ich weiß, dass ich dem geliebten Menschen fehle, er mir aber alles Schöne wünscht, bin ich vielleicht ab und zu allein, aber nicht innerlich einsam.

Wenn die Liebe mit dem Nein zu schwinden droht

Eng mit der Trennungsangst verbunden ist die Angst vor dem Neinsagen. Obwohl auch Säuglinge von Anfang an ihre eigene Persönlichkeit mit auf die Welt bringen, wird der Wunsch nach Unterscheidung mit dem so genannten Trotzalter besonders deutlich. In der Trotzphase lernen Kinder »Nein« und »Ich« zu sagen. Jeder von uns entwickelt sich zu einer einzigartigen Persönlichkeit und kann diese leben, wenn er sich auch das »Nein«-Sagen zugesteht.

Da stellt sich für uns die Frage: Was kann geschehen, wenn die Eltern selbst das Neinsagen nicht wirklich gelernt haben oder nur schwer aushalten können? Sie werden es ihren Kindern nicht aus ihrem Innersten heraus zugestehen können.

147

Das Nein der Eltern ist von dem Nein des Kindes nicht zu trennen. Es geht mir hier nicht um die Verunsicherung vieler Eltern, in welcher Weise und in welchem Maße sie ihren Kindern Grenzen setzen dürfen und sollen, dieses Problem wurde ja bereits besprochen.

An dieser Stelle soll vom Nein als gesunde Abgrenzung die Rede sein. Wenn Eltern aufgrund eigener individueller Ängste sich und ihrem Kind diese individuelle Entscheidungsmöglichkeit nicht angstfrei und spontan zugestehen können, wird hinter dem Nein ein Liebesentzug lauern.

Wer von uns hat nicht selbst schon erlebt, dass ein anderer sich von uns zurückgezogen hat, weil wir etwas getan oder gesagt haben, das ihm nicht gefallen hat. Sei es, dass wir ihm einen Wunsch nicht erfüllt haben, sei es, dass wir anderweitig »egoistisch« waren und es den anderen nicht recht gemacht haben.

Viele Menschen – und vor allem Frauen – geraten in ihrem Leben oft an den Rand seelischer und körperlicher Erschöpfung, weil sie sich stets bemühen, es möglichst allen recht zu machen, möglichst allen immer zu Hilfe zu eilen und immer für die Sorgen und Nöte anderer zur Verfügung zu stehen. Je näher ihnen diese Menschen innerlich ans Herz gewachsen sind, je mehr sie sie lieb haben, desto mehr glauben sie, dafür sorgen zu müssen, dass kein Nein die Harmonie und damit die Liebe bedroht.

Ein Nein erleben sehr viele Menschen nicht als situative Abgrenzung, sondern als Entwertung ihrer ganzen Person und damit als Liebesverlust.

Hinterfragen Sie sich einmal selbst: Wie erleben Sie es, wenn Ihr Partner Ihren Wunsch nicht erfüllt? Wenn er beispielsweise lieber auf den Tennis- oder Fußballplatz geht, statt mit Ihnen spazieren zu gehen? Wenn er anderer Meinung ist und Sie sich nicht einigen können? Haben Sie dann nicht leicht das Gefühl, dass er Sie jetzt weniger lieb hat?

148

Wie kann sich diese Unsicherheit auf die Beziehung zu Ihren Kindern auswirken?

Lassen Sie es mich anhand eines Beispiels verdeutlichen:

Frau Zinke kam mit ihrem vierjährigen Buben Tommy zu mir in die Sprechstunde. Sie litt unter seiner Aggressivität und fürchtete, dass er später wirklich gewalttätig werden könnte. Tommy selbst litt jedoch unter extremen Ängsten. Im Gespräch mit Mutter und Sohn wurde schnell deutlich, dass Tommy seine Mutter ständig herumkommandierte: Sie solle ihm dies und jenes aus dem Regal zum Spielen holen, sie solle mit ihm spielen, sie solle ihm etwas zu essen, zu trinken geben, sie solle ihm sagen, was er jetzt tun könne usw.

Die Mutter erfüllte dem Sohn stets sofort alle seine Wünsche, beschwerte sich nur über seinen Ton! Tommy dachte aber nicht daran, seinen Befehlston zu ändern.

Wenn die Mutter einmal zögerte, Tommys Wunsch (z.B. nach noch mehr Schokolade) zu erfüllen, schlug er sie und forderte äußerst wütend seinen Wunsch ein. Die Mutter beschwerte sich bei ihm, dass er so böse sei, erfüllte ihm aber seinen Wunsch.

Natürlich war Frau Zinke sich darüber im Klaren, dass sie »Nein« sagen und vor allem »Nein« handeln müsste, sie konnte es aber nicht. Warum nicht?

Zunächst sei noch geschildert, wie Tommy sich mir gegenüber verhalten hat, es macht die Situation noch plastischer:

Verständlicherweise versuchte Tommy, auch mich herumzukommandieren. Wenn ich mich zum Beispiel weigerte, ihm Spielsachen aus dem Regal zu holen, die er selbst problemlos hätte erreichen können, beschimpfte er mich als »blöde Kuh«. Wenn das nicht wirkte, versuchte er mich zu schlagen. Obwohl ich mich streng dagegen verwahrte, schlug er weiter nach mir. Als ich ihn festhielt, schrie er, dass er nie wieder in diese blöde Therapie kommen würde, und rannte hinaus.

149

Durch eben dieses Verhalten fühlte sich Frau Zinke bedroht, die Liebe ihres Kindes zu verlieren, so dass sie das Risiko nicht eingehen konnte und sich entsprechend anders verhielt.

Frau Zinke war äußerst verwundert, als Tommy nach kurzer Zeit vergnügt wieder ins Therapiezimmer spaziert kam und ebenso selbstverständlich mit ihr zum nächsten Termin mitkam, ja mich sogar besonders freudig begrüßte.

Frau Zinke hatte selber als Kind erlebt, dass ihre Mutter tagelang nicht mit ihr sprach, wenn sie die Mutter verärgert hatte. Auch heute bricht ihre Mutter sofort den Kontakt ab, wenn Frau Zinke ihr, die ca. 50 km entfernt wohnt, nicht jeden Wunsch sofort erfüllt.

Erschwerend kam hinzu, dass ihre Mutter seit sehr langer Zeit an einem Herzleiden erkrankt war, mit dem sie ihre Tochter erpressen konnte, und sie ihr die Schuld gab, wenn sie »vor Aufregung über die böse Tochter« einmal sterbe.

Frau Zinkes Vater war ein erfolgreicher Geschäftsmann, der sich nie um seine Tochter gekümmert hatte, weil er vermeintlich keine Zeit hatte und außerdem der Überzeugung war, dass Kindererziehung reine Frauensache sei.

So hat Frau Zinke als Kind keine Unterstützung bekommen, ihre Eigenheiten und Interessen entwickeln und leben zu können. Sie hat gelernt und entsprechend verinnerlicht, dass Liebe darin besteht, die Wünsche der anderen zu erfüllen.

Tommys Vater wiederum ist ein sehr erfolgreicher Geschäftsmann, der sich keine Zeit für die Familie nimmt und ebenfalls der Meinung ist, dass Frau Zinke wenigstens den Buben gut erziehen könnte, wenn sie schon sonst keine Arbeit und keine Aufgaben habe.

Mit einem »klugen« Ratschlag war Frau Zinke nicht geholfen, denn sie wusste ja selber, dass sie ihrem Sohn eigentlich mehr Grenzen setzen müsste und ihm seine Befehle nicht erfüllen dürfte. Doch Vernunft und Gefühl

150

sind zwei verschiedene Paar Stiefel. Bis unser »Wissen« ins innere Erleben dringen kann, braucht es mehr als ein paar »vernünftige« Gespräche oder ein schlaues Buch.

Nun zu Tommy: Obwohl es auf den ersten Blick nicht den Anschein hatte, litt Tommy selbst sowohl unter seinem eigenen Verhalten als auch unter dem Verhalten seiner Mutter – und natürlich auch unter der Abwesenheit und dem scheinbaren Desinteresse seines Vaters.

Er suchte eine starke Mutter, die ihm klare Grenzen setzte, damit er lernen konnte, seine Aggressionen zu kontrollieren. Er liebte seine Mutter über alles und wollte sie nicht bewusst verletzen. Er wollte lieb zu ihr sein. Er suchte die Orientierung und Hilfe in Form von klaren Abmachungen, an denen er wachsen konnte. Auch suchte er als Gegenüber eine Persönlichkeit, um sich selbst zu einer Persönlichkeit entwickeln zu können. Die Unterwürfigkeit seiner Mutter erlebte er als Haltlosigkeit, denn eine so schwache Mutter konnte ihn nicht schützen.

So versuchte er seine Mutter so lange zu provozieren, bis sie endlich nicht nur »Schluss« sagen, sondern auch entsprechend handeln würde. Seine Ängste waren ja gerade der Ausdruck dafür, dass er sich vor seinen eigenen Wutausbrüchen fürchtete und Sorge hatte, Menschen, die er liebte, wehzutun und darüber ihre Liebe zu verlieren. Tommy konnte sich auch nicht in seiner realen Größe bzw. in seinem Kleinsein erleben, denn durch seine Macht über die »große Mutter« hatte er völlig die Orientierung verloren und ein falsches Selbstbild entwickelt.

Frau Zinke konnte im Verlauf der Therapie wieder besser ihre eigenen Wünsche und Bedürfnisse spüren und diese trotz ihrer Angst, nicht mehr geliebt zu werden, ganz allmählich leben und ihrem Kind gegenüber behaupten. Sie konnte endlich als Erwachsene die Erfahrung machen, dass das Muster ihrer Kindheit durchaus nicht für alle anderen

Menschen zutrifft. Ja, dass sie im Gegenteil an Achtung und Wertschätzung gewann, wenn sie selbstbewusst zu ihren Gefühlen und Bedürfnissen stand und ihr Sohn ihr nun offener seine Liebe zeigen konnte.

Schließlich riskierte Frau Zinke auch die Auseinandersetzung mit ihrer eigenen Mutter und stellte sich der Angst, »verstoßen« zu werden, wenn sie nicht mehr die »liebe« Tochter war.

Ähnlich wie Frau Zinke ergeht es vielen Müttern. So sagte mir ein Fünfjähriger einmal: »Meine Mama hat mich nicht lieb.« Als ich ihn fragte, wie er denn zu dieser Meinung käme, antwortete er: »Weil sie immer zu allem ›Ja‹ sagt, und ›Nein‹ sagen ist doch viel schwerer!«

Diese Kinderaussage zeigt so viel klares Gespür dafür, dass zur Liebe auch das Nein gehört.

Nicht nur das Nein der Eltern, sondern auch das des Kindes ist für seine gesunde Entwicklung unerlässlich. Wie anfangs schon erwähnt, kann sich kein Kind ohne das Nein zu einem mündigen und individuellen Menschen entwickeln. Viele Eltern halten das zwar für sehr richtig, nur soll ihr Kind sein Nein bitte nicht bei ihnen erproben. Sie fürchten auch, dass ihre Kinder ihnen bald »auf dem Kopf herumtanzen« würden, wenn sie sich nicht rechtzeitig wehren.

Wenn Eltern das Recht auf eigene Interessen als »böse« erleben, empfinden sie natürlich auch das »Nein« ihrer Kinder als »böse« und reagieren entsprechend.

Der Vater eines meiner kleinen Patienten brach mit Gewalt die Tür zum Kinderzimmer des Siebenjährigen ein, als dieser sich nach einem Streit dort eingeschlossen hatte. Er hatte, wie er mir später im Therapiegespräch gestand, Sorge, völlig den Respekt und die Autorität zu verlieren, wenn er das »Nein« – hier die Abgrenzung – des Sohnes über die Aussperrung des Vaters zulassen würde.

Diese Angst vor Autoritätsverlust erlebe ich besonders bei Vätern. Sie geraten außer sich, wenn ihre bis dahin so sanften und gehorsamen, ihren Papa idealisierenden Kinder plötzlich widersprechen und »Ungehorsam« zeigen.

Weiter vorne habe ich schon darauf hingewiesen, dass Väter im Gegenteil an Autorität und Respekt gewinnen, wenn sie den Eigenwillen ihrer Kinder respektieren. Nur hilft auch dieser »Rat« zunächst wenig, wenn Väter sich – wider besseres Wissen – entthront fühlen.

Die Ursachen liegen auch hier in der Beziehung zu dem eigenen Vater und dessen Umgang mit dem »Nein«. Sie liegen aber auch in unserer langen geschichtlichen Tradition, da es vor noch nicht allzu langer Zeit schwerpunktmäßig darum ging, die Buben und Männer zu guten Soldaten zu erziehen und ihnen folglich jeden Widerspruch und jeden Eigenwillen von Anfang an auszutreiben.

Wenn nur eine Uniform das gebrochene Rückgrat zusammenhalten kann, wird es verständlich, dass das innere Wertgefühl, der Respekt und die Achtung vor sich selber nicht sehr stabil sein können.

Die meisten Väter früherer Generationen hatten wenig Möglichkeit, ein Selbstwertgefühl aufzubauen, das auf einer individuellen Persönlichkeit aufbaute und mit den eigenen Gefühlen in Kontakt stand. Daher gibt es auch heute noch viele Väter, die ihr mangelndes Selbstwertgefühl damit kaschieren müssen, ihre Kinder – und auch ihre Partnerinnen – zu entwerten und sich aufgrund ihrer körperlichen Überlegenheit eine Machtposition anzueignen.

Ich erinnere an das, was ich bereits in dem Kapitel *Beziehung statt Erziehung* erläutert habe.

Vor allem kleine Jungen leiden besonders unter Vätern, deren Verhalten auf den Kasernenhof passen würde. Und wie oft habe ich gehört, dass sie nur auf die Gelegenheit warten, ihre Väter zu entthronen, »um es ihnen endlich zu zeigen«! So wird das Macht-Ohnmacht-Verhalten mit dem Warten auf die Chance, Schwächere zu treten und zu demütigen, »vererbt«. Die Zeitungen sind täglich voll von Meldungen, die auf diesem Mechanismus beruhen.

Andererseits habe ich gerade bei Vätern erlebt, wie froh sie waren, endlich eine andere, liebevollere Art des Umgangs mit ihren Kindern zu erleben. Ich habe keinen Vater kennen gelernt, der sich in seiner eigenen verwundeten Seele nicht nach Zärtlichkeit, Liebe und vor allem tiefer Freundschaft zu seinen Kindern sehnte! Dazu gehört jedoch die Fähigkeit, das Nein und den so genannten Ungehorsam des Kindes als einen gesunden Ausdruck zu verstehen, den das Kind braucht, um eine individuelle und selbstbewusste Persönlichkeit zu werden. Sie können ja als Vater Ihr ebenso klares Nein daneben stellen, ohne es dem Kind aufzuzwingen!

Das Nein dient dem Kind nur dazu, seine Kräfte mit den Kräften des Vaters zu messen. Mit seinem Nein will es den Vater weder entthronen noch demütigen.

Wenn das Anderssein Schuldgefühle verursacht

Eine weitere Ursache dafür, dass Eltern – und in diesem Falle auch viele Väter – nicht »Nein« sagen können, sind Schuldgefühle.

Jeder von uns kennt in gesundem Maße Schuldgefühle: Schuldgefühle sind eine natürliche Reaktion unseres schlechten Gewissens, ohne sie hätten wir keinen Maßstab für Recht oder Unrecht und wären unfähig, mit anderen Menschen liebevoll in einer Gemeinschaft zu leben. Dabei gilt es ständig abzuwägen, wie und in welchem Maße jeder seine Interessen durchsetzt, wenn sie sich nicht mit den Wünschen des anderen – des Partners oder Kindes – decken.

154

Letztlich kann niemand von uns in gesunder Weise seinen Egoismus leben, ohne an anderen »schuldig« zu werden.

Kinder können sich beispielsweise nicht von ihren Eltern ablösen und ihre eigenen Wege gehen, ohne an ihnen, einem gewissen Alleinsein der Eltern, schuldig zu werden.

Eltern können ihre persönlichen Interessen nicht wahren, ohne an ihren Kindern immer wieder schuldig zu werden. Eltern und Kinder könnten keine Menschen mit all ihren Schwächen sein, würden sie nicht ab und zu, im Sinne mangelnder Perfektion, schuldig werden.

Das »richtige« Maß an Verantwortlichkeit zu finden ist ein Balanceakt, der uns alle das ganze Leben hindurch begleitet.

Für viele Mütter kann es beispielsweise »richtig« sein, ihren Beruf aufzugeben und ganz bei ihrem Kind oder ihren Kindern zu Hause zu bleiben, weil sie sich dort wohl fühlen und die Aufgabe als Mutter sie glücklich macht.

Für andere Mütter kann es dagegen »richtig« sein, zumindest zeitweise in ihren Beruf zurückzukehren, weil die Berufstätigkeit sie zufrieden macht und sie mit ihr teilweise sich selbst verwirklichen können. Sie wären, wenn sie ganztags bei ihren Kindern sein müssten, sehr unglücklich, was sich auf ihre Kinder negativ auswirken würde.

Ebenso kann es für viele Paare das »Richtige« sein, sich die Aufgabe der Kindererziehung zu teilen, da sich inzwischen auch Väter zugestehen, möglichst viel Zeit mit ihren Kindern zu verbringen.

Es gibt schließlich auch Paare, für die es – entgegen der gesellschaftlich immer noch üblichen Rollenaufteilung – »richtig« ist, dass der Vater hauptamtlich die Aufgabe der Kindererziehung übernimmt, weil die Mutter sich in ihrem Beruf wohler fühlt oder weil vielleicht der Vater gerade arbeitslos ist.

Bei unseren Kindern sieht das »Richtige« je nach Veranlagung und Bedürfnissen genauso unterschiedlich aus: Es kann für das eine Kind ganz elementar sein, die Mutter ständig um sich zu haben, während ein anderes Kind relativ früh aus eigenem Antrieb mehr Interesse an der Selbständigkeit hat.

Es kommt also darauf an, zwischen Eltern und Kindern immer wieder – je nach Entwicklungsstand des Kindes – neue »Tanzschritte« auszuprobieren, damit beide Seiten miteinander harmonieren und der Tanz sich durch Variationen erweitern kann.

Schuldgefühle können aber auch tiefere, teils ins Unbewusste verdrängte Ursachen haben.

So fühlen sich beispielsweise manche Mütter dafür schuldig, dass sie nicht in der Lage waren, ihr Kind bis Ende des neunten Monats auszutragen, und es deshalb anfangs im Brutkasten lag oder sogar zusätzlich an lebenserhaltende Maschinen angeschlossen werden musste. Natürlich ist der Eintritt ins Leben dadurch belastet, aber Schuld hat daran die Mutter deswegen keineswegs.

Mütter von Kindern, die mit irreparablen körperlichen oder geistigen Behinderungen geboren werden, leiden häufig unter Schuldgefühlen, da sie es sich innerlich als Versagen anlasten, kein gesundes Kind geboren zu haben.

Ebenso erleben viele Mütter es als eigenes Unvermögen, wenn sich das Kind nicht nach Plan entwickelt oder ihr Kind »gestört« ist, also unter seelischen Wunden leidet.

Manchmal sind die Schuldgefühle so belastend, dass sich diese Mütter gar nicht in unsere Sprechstunden trauen, weil sie glauben, sowieso alles falsch gemacht zu haben. Und obwohl sie es weniger offen zeigen, so fühlen sich auch viele Väter schuldig, wenn sie zu wenig Zeit für ihre Kinder haben, sie sich zu sehr in ihren Beruf einbinden lassen oder die Freizeit sogar noch zur eigenen Freude nutzen, sei es auf dem Sportplatz, am Stammtisch oder mit Freunden.

156

Viele Eltern machen sich Vorwürfe, weil sie gelegentlich auch mal wütend auf ihre Kinder sind oder sogar spontan bereut haben, überhaupt eigene Kinder gewollt zu haben.

Obwohl man weiß, dass eine lieblose, aggressive Atmosphäre auf Dauer die Seele der Kinder mehr belastet als eine klare Trennung der Eltern, löst eine Trennung bzw. Scheidung bei den Eltern Schuldgefühle aus.

Gern schieben sich Elternpaare auch gegenseitig die Schuld zu: »Du bist zu nachgiebig und lässt den Kindern alles durchgehen«, höre ich viele Väter zu ihren Frauen sagen. Oder aber: »Du kümmerst dich ja sowieso um nichts – kein Wunder!«

Oft kommt anfangs nur ein Elternteil zu mir in die Beratung und beschuldigt prompt den Partner, für alle Probleme verantwortlich zu sein.

Abgesehen davon, dass es bei all den Schwierigkeiten, die ich in diesem Buch anspreche, keine Schuldfrage gibt, da jeder – und davon gehe ich aus – im Rahmen seiner Möglichkeiten das für ihn Beste für seine Kinder getan hat und noch tut, nützen Schuldgefühle niemandem, sondern belasten nur alle Beteiligten.

Eltern mit zu viel Schuldgefühlen versuchen meist, ihre »Schuld« wieder gutzumachen.

Sie überhäufen ihre Kinder mit Geschenken, trauen sich nicht, ihnen ihre Wünsche abzuschlagen oder ihnen klare Grenzen zu setzen (vgl. Neinsagen). Sie verzichten auf zu viele eigene Wünsche, ja sie gestatten sich nicht einmal den Gedanken daran und »opfern« sich völlig für ihre Kinder auf.

Kinder spüren jedoch genau, wenn ihre Eltern aufgrund von Schuldgefühlen erpressbar sind. Auch verinnerlichen sie automatisch, dass die Verantwortung für eigene Wünsche oder auch »Fehler« so belastend ist, dass man sie möglichst vermeiden sollte. Eine Form, mit dieser inneren Belastung fertig zu werden, ist die totale Verdrängung von Schuldgefühlen. Solche Kinder können dann zu gierigen Monstern oder radikalen Egoisten werden, da keinerlei Schuldgefühle ihr Verhalten in gesundem Maße diszipliniert.

Oder aber sie fühlen sich – wie ihre Eltern – ständig verantwortlich für alles und an allem mitschuldig, da sie ihre Eltern unbewusst entlasten wollen.

In der Regel verhindern übergroße Schuldgefühle auch eine positive Veränderung. Manche Mütter brechen in der Therapie bei der leisesten Konfrontation mit ihrem Spiegelbild sofort in Tränen aus und schluchzen, dass sie ja wüssten, alles »falsch« gemacht zu haben und an allem »schuld« zu sein.

Väter entziehen sich in einem solchen Fall eher der weiteren Mitarbeit, wenn sie sich mit ihrer Schattenseite nicht konfrontieren wollen, um sich nicht schuldig fühlen zu müssen.

Niemand von uns kann das Geschehene rückgängig oder ungeschehen machen. Der Schleier von unnötigen, unnützen Schuldgefühlen blockiert nur die Möglichkeit, gemeinsam zu überlegen, was Mutter, Vater und Kind jetzt verändern können.

Auch verhindern zu große Schuldgefühle die klare und fruchtbare Betrachtung der »Schuld«, die ein erster Schritt ist, um sie als einen Teil der eigenen Persönlichkeit zu akzeptieren und zu betrauern.

Erinnern Sie sich an das Beispiel von Anna. In der Therapie gelang es, die jeweiligen Zusammenhänge und damit die eigenen Schattenseiten zu betrachten und über die Trauer eine gute, innige Beziehung zwischen Mutter und Tochter herzustellen.

Die Kehrseite von erdrückenden Schuldgefühlen ist, wie eben schon angedeutet, die Abwehr von Schuld, sowohl bei Kindern als auch bei Eltern. Schuldgefühle werden verleugnet. Obwohl sie unterschwellig vorhanden sind, flüchtet man sich nach außen in den puren Egoismus.

158

Folgender Fall ist bezeichnend für dieses Problem:

Frau Dressler postulierte, dass ihr ihre berufliche Karriere das Wichtigste sei, weil Kinder von Hausfrauen sowieso nur zu »depressiven« Langweilern erzogen würden und sie ihrer Tochter aber ein aufregendes Leben, viel Luxus und das Vorbild einer interessanten Mutter bieten wollte. Dass das sechsjährige Mädchen meist wechselnden »Ersatzmüttern« (Aupairmädchen) anvertraut wurde, verteidigte die Mutter damit, dass Felicitas auf diese Weise nicht durch eine enge Mutter-Kind-Beziehung in ihrer Entwicklung behindert würde. Das nächtliche Einnässen ihrer Tochter wusste sie allerdings nicht zu erklären.

In der gemeinsamen Arbeit konnte Frau Dressler dann ganz allmählich ihre eigene Sehnsucht nach Geborgenheit, Ruhe und »Häuslichkeit« wieder beleben, die hinter dem Wunsch nach ihrer beruflichen Tätigkeit verborgen gewesen war. Sie fühlte sich sogar schuldig, sich für die Geburt eines Kindes ohne feste Partnerschaft entschieden zu haben.

Als Frau Dressler ihre gegensätzlichen Gefühle und Wünsche in sich aushalten konnte, ohne sich – wie bisher – auf eine Seite flüchten zu müssen, fiel auch die große innere Spannung von der Tochter ab. Sie hatte stellvertretend für die Mutter deren Zerrissenheit übernommen und durch nächtliches Einnässen ein Ventil dafür gefunden.

Für mein Kind ist mir kein Opfer zu groß

Das andere »Gesicht« von »Schuldgefühlen« ist die hundertfünfzigprozentige Elternliebe. Vor allem die Mütter versuchen in so einem Fall, ja keinen Fehler zu begehen, um sich niemals selbst Vorwürfe machen zu müssen oder machen zu lassen. Sie tun alles für Ihre Kinder, stellen sich und ihre

159

Bedürfnisse völlig zurück, lesen alle nur möglichen Ratgeber und informieren sich bei vielen Fachleuten und anderen Müttern über Kindererziehung. Sie leben in der ständigen Sorge und dem inneren Stress, ihren Kindern zu schaden, falls sie etwas »falsch« machen. Hundertfünfzigprozentige Elternliebe trifft man bei Eltern, die von Beruf Psychologen, Erzieher oder Lehrer sind, in besonders hohem Maße. Hier werden die spontanen Gefühle und Wünsche einem »idealen« Bild von Eltern geopfert. Abgesehen davon, dass es sowieso gar keine »idealen« Eltern geben kann, fehlt bei dem Streben nach Perfektion der gesunde und lebendige Austausch von menschlichen Schwächen.

So fragte mich eine junge Mutter (eine Lehrerin), ob ich auch Intelligenztests durchführte, denn sie wolle wissen, ob ihr Sohn geistig in der Lage sei, das Abitur zu schaffen. Sie wolle ihn rechtzeitig entsprechend fördern. Als ich hörte, dass ihr Sohn gerade erst vier Jahre alt war, wurde klar, unter welchen Druck sich die Mutter setzte.

Die Sorge und die Angst, das Kind nicht genug zu fördern oder ihm zu schaden, ziehen sich durch alle Bereiche und lassen Eltern zu »Untertanen« von »Idealen« werden, wie sie in manchen Büchern postuliert werden.

Viele Eltern halten aus diesem Grunde leider auch an einer zerrütteten und zerstrittenen Ehe fest, weil sie ihren Kindern mit einer Trennung nicht schaden wollen, sie »opfern« damit ihr Recht auf eigenes Glück. Umso verzweifelter sind sie, wenn ihre Kinder auffällig werden. Für diese Mütter und auch Väter bricht dann eine Welt zusammen. Man kann die riesige Enttäuschung verstehen, wenn all die vielen Mühen und Entbehrungen nicht zu dem erwünschten Ziel geführt haben.

Auf den ersten Blick fragt man sich ja in der Tat, warum gerade Kinder aus solch »vorbildlichem« Elternhaus unglücklich geworden sind. Die Ursache liegt häufig gerade in der so ausgeprägten Opferhaltung.

160

Wie würden Sie sich als Erwachsene fühlen, wenn Ihre beste Freundin, Ihr bester Freund, Ihr Partner oder Ihre Partnerin sich für Sie ständig aufopfern würden? Sie bräuchten nur einen Wunsch zu äußern und schon wäre er erfüllt!

Die meisten Menschen bekämen jedenfalls gravierende und so belastende Schuldgefühle, dass sie sich sehr »undankbar« von den zu edlen Helfern zurückzögen.

Unsere Kinder können sich aber nicht zurückziehen, sie können nur auf ihre Weise gegen zu viel Edelmut und Opfergeist protestieren, um sich von den eigenen Schuldgefühlen zu entlasten. Bedenken Sie, wie schwer es für ein Kind sein muss, bei einer scheinbar ausschließlich »lieben« Mutter eigene Interessen zu verfolgen und gesund egoistisch zu werden. Es muss sich böse und lieblos, ja undankbar fühlen. Es erlebt, dass Liebe darin besteht, sein eigenes Glück für den anderen aufzugeben. Halten Sie das für erstrebenswert? Sicher nicht, denn auf diese Weise wird die Liebe zu einer Belastung, sie engt ein und blockiert die Eigenentwicklung, statt sie zu unterstützen.

Aber seien Sie mit sich mal ganz ehrlich! Ist Ihre Liebe zu dem Kind wirklich so ganz uneigennützig? Erwarten Sie gar keine Dankbarkeit? Wollen Sie für all Ihre Opfer gar nichts zurückhaben? Ein »Ich tu doch alles nur für dich« kann sehr egoistisch sein, verkleidet in Edelmut. Meist ist damit die unbewusste und ungeheuer große Erwartung an Wohlverhalten und Anhänglichkeit verknüpft.

Menschen, die ihre eigenen Interessen zu intensiv den Bedürfnissen und Wünschen anderer »opfern«, erwarten in der Regel dasselbe von ihren Mitmenschen und sind meist zutiefst gekränkt und verletzt, wenn die – oft unbewusste! – Rechnung nicht aufgeht. Sie spüren die eigene Sehnsucht nach der totalen Liebe und Hingabe meist nicht mehr und wehren sie nach dem Motte ab: Ich tue all das für den anderen, was ich unbewusst selber möchte. Wenn ich nie »böse« bin, wird mein Kind es auch nie sein.

Kinder dieser Eltern machen ihr Problem in der therapeutischen Situation beispielsweise im Rollenspiel deutlich: Sie spielen den Verkäufer, bei dem der Einkäufer (meine Rolle!) für die Waren, die er kaufen will, ungeheuer große Summen bezahlen muss. »So viel Geld, wie du nicht hast!« Damit zeigen mir die Kinder auf der Spielebene, dass der Kaufpreis für das, was ich haben möchte, zu hoch ist – praktisch unbezahlbar.

Auf die Familienbeziehung übertragen heißt das, dass die Liebe der Mutter zu teuer erkauft wird und zwar sowohl aufseiten der Mutter, die selbst zu viel bezahlt, also zu viel aufgibt, als auch aufseiten des Kindes, das seinerseits einen zu hohen Preis zahlt in Form von seelischem Druck.

Die erwartete Dankbarkeit für all das, »was ich für dich getan habe«, wird als Rechnung empfunden, die das Annehmen der »Wohltaten« erschwert, weil Kinder – und Erwachsene ebenso – den Haken an der Sache spüren. Echte Dankbarkeit zeigt ein Kind, wenn es wertfreie Liebe weitergeben kann. Und die wertfreie Liebe der Eltern zu ihren Kindern drückt sich – wie schon häufiger unterstrichen – darin aus, das Kind zu befähigen, unabhängig zu werden.

Die Ursache für das Leid eines Kindes liegt sehr häufig in der Beziehung zu der Opfermutter und auch dem Opfervater, die doch alles ganz besonders lieb und gut meinen und dabei die eigenen Wünsche »vergessen« haben. Kinder von Opfermüttern und –vätern können sich nicht mit Freude und unbeschwert ablösen. Sie fühlen sich im Inneren zerrissen zwischen ihrem Wunsch nach eigener Entfaltung und dem Zwang zu Rücksichtnahme (das heißt Rückschau!) und dankbarer Anhänglichkeit. Sie spüren, dass sie eine leere Mutter zurücklassen, die alles Eigene für sie

162

verloren hat. Wie kann ein Kind lernen, glücklich zu werden, wenn es die geliebten Eltern nicht können?

Ich möchte erneut an das Bild des Paartanzes anknüpfen, bei dem es keinem der Tänzer Freude macht, wenn der andere gar keine Eigenbewegung zeigt, sondern sich nur den Schritten seines Partners unterordnet. Da wäre ein Solotanz noch interessanter!

Kinder erleben Liebe dann nicht nur als Gefängnis, erschwerend kommt hinzu, dass sie kaum lernen können, sich mit unterschiedlichen Interessen auseinander zu setzen. Sie haben sich meist kampflos als sofortige Sieger erlebt.

Im Kindergarten oder in der Schule unterliegen sie dann häufig den anderen, da sie gar nicht daran denken, kampflos ihre Interessen aufzugeben, und im Kämpfen wesentlich geübter sind als ein Kind von »Opfereltern«.

Oft fällt diesen Kindern anfangs auch das Lernen schwer, denn sie haben sich bisher immer darauf verlassen, dass ihre Mütter ihnen alles abgenommen haben. Daher haben sie nicht lernen können, sich etwas selbst zu erarbeiten, auch unter Mühen durchzuhalten und mit Selbstbewusstsein darauf zu vertrauen, auch schwierige Situationen meistern zu können.

Dass auch Väter durchaus von dieser Problematik betroffen sein können, veranschaulicht folgendes Beispiel:

Der siebenjährige Mathias wurde bei mir von seinen Eltern angemeldet, weil er seit sechs Monaten nachts einnässte, der Kinderarzt aber keine Ursache feststellen konnte.

Es wurde in den Gesprächen mit den Eltern bald deutlich, dass der Vater drei Jahre zuvor auf eine neue Arbeitsstelle in einer anderen Stadt verzichtet hatte, weil er seiner Frau und seinem Sohn die Nachteile eines Umzugs mit den notwendigen Veränderungen nicht zumuten wollte.

Nun war der Vater vor sechs Monaten arbeitslos geworden, weil seine Firma Konkurs angemeldet hatte. Verständlicherweise bereute der Vater sein damaliges »Opfer«, und seine Frau machte ihm sogar Vorwürfe, sich nicht durchgesetzt zu haben. Mathias litt unter großen Schuldgefühlen. Er hatte damals genau gespürt, dass sein Vater diese »falsche« Entscheidung auch aus Rücksicht auf ihn getroffen hatte, weil er seine Freunde im Kindergarten nicht verlieren wollte.

Andererseits war Mathias unbewusst auch sehr wütend auf seinen Vater: Er wünschte sich einen Vater, der groß und stark genug war, Entscheidungen auch gegen den Willen der Mutter und gegen ihn durchzusetzen. Er konnte diese Wut aber vor seinem Vater nicht ausleben, weil er doch so lieb war und sich geopfert hatte.

Mathias litt sehr unter dieser viel zu großen Verantwortung, die ihm durch die »Rücksichtnahme« seines Vaters aufgebürdet worden war – natürlich ohne dass der Vater dies beabsichtigt hatte.

Oft müssen Erwachsene ihren Kindern und auch ihren Partnern Probleme zumuten, um die Verantwortung für ihr eigenes Leben selbst zu übernehmen. Wenn jedoch die Angst vor Konflikten, vor Streit und Auseinandersetzungen zu groß ist, kann dies wiederum zu einer »Opferhaltung« führen, deren Hintergrund aber die eigene Angst vor der Verantwortung ist.

Wenn die eigenen Wünsche verloren gehen

Eng verknüpft mit dem Wunsch, alles für das Kind zu tun, und der entsprechenden Angst vor dem Nein-Sagen ist der Verlust der inneren Fähigkeit, individuelle Begabungen, Interessen, Wünsche und auch Schwächen auszuleben. Wenn sie eventuell sogar mit den Interessen des Partners

164

oder des Kindes kollidieren, ist das Bedürfnis nach Individualität für manche Menschen so bedrohlich, dass sie ihre eigenen Wünsche so weit verdrängen oder schon als Kind verdrängt haben, bis sie gar nicht mehr wissen, was sie sich für sich selbst wünschen.

Wir Frauen haben uns dank der Emanzipationsbewegung und dank manch starker und mutiger Frauen viele Rechte in der Gesellschaft erkämpfen können. Das heißt jedoch nicht, dass diese Rechte, die in unseren Köpfen lebendig sind, auch in unseren Seelen zu Hause sind. Ebenso wie unsere Mütter haben wir als kleine Mädchen ihre Verhaltensweisen verinnerlicht. Wir wissen um unsere Möglichkeiten und Rechte, aber fühlen wir sie auch? Selbst äußerst selbstbewusste junge Frauen, die in anspruchsvollen Berufen souverän und eigenständig entscheiden und handeln, werden als Mütter plötzlich verunsichert, fühlen sich wertlos und richten ihre Wünsche auf einmal vornehmlich nach denen der anderen aus.

Ich habe immer wieder darauf hingewiesen, wie wichtig es ist, zu seinen Eigenarten, zu seiner Persönlichkeit und damit auch zu seinen Schwächen stehen zu können und nicht »perfekt« sein zu wollen. Wieder können Kinder uns helfen, wenn sie uns auf ihre Weise den Weg weisen.

Eine junge Mutter von drei Kindern suchte Hilfe, weil ihre älteste Tochter mit fünf Jahren stotterte. Frau Mertens fühlte sich beschämt und genierte sich vor den Nachbarn und Bekannten, da ihr klar war, dass sie etwas »falsch« gemacht haben musste. Sie dachte, dass jeder deshalb mit dem »Finger« auf sie zeigen würde.

Frau Mertens war eine ganz besonders tüchtige Mutter, die rund um die Uhr im Einsatz war. Alle drei Kinder waren entzückend angezogen. Frau Mertens wusch und putzte, räumte auf, kochte gesunde und schmackhafte Gerichte, las den Kindern vor und spielte mit ihnen. Kurz, sie war eine

165

»Bilderbuchhausfrau« und -mutter. Umso unverständlicher erschien es ihr, von ihrer Tochter »so vorgeführt« zu werden, wie sie es empfand.

Im Verlauf unserer gemeinsamen Arbeit stellte sich heraus, dass Frau Mertens in ihrem eigentlichen Wesen eine besonders kreative, künstlerisch begabte Frau war, die aber in ihrer eigenen Kindheit aufgrund von sehr individuellen tragischen Umständen früh Verantwortung übernehmen und auf die Entfaltung ihrer eigenen Wünsche völlig verzichten musste.

So war es ihr heute ganz selbstverständlich, die volle Verantwortung für ihre Familie zu übernehmen. Sie spürte nur, dass sie häufig zornig oder gereizt reagierte, wenn ihre Tochter »rumschmierte« (Blätter mit bunter Farbe vollkritzelte) oder »faul« war, worunter die Mutter verstand, dass sie ihr bei der Hausarbeit oder der Pflege der beiden jüngeren Geschwister nicht genügend zur Hand ging. Obwohl sie ihr Verhalten selbst als ungerecht erlebte, konnte sie ihre innere Gereiztheit und Empfindlichkeit nicht beherrschen.

Die fünfjährige Sabine war ein sehr artiges, wohlerzogenes Kind. Mir fiel sofort auf, dass sie auch mir gegenüber anfangs stets darauf bedacht war, alles recht zu machen, und wenig Antrieb zeigte, eigenständig – also von sich aus – zu spielen. Sie fragte stets artig, was sie tun solle, und konnte – wie ihre Mutter – gar nicht mehr spüren, was sie selbst eigentlich spielen wollte.

Für Frau Mertens bedeutete es eine relativ harte Arbeit an sich selbst, überhaupt wieder zu erleben, dass sie eigene Wünsche hatte. Diese waren so tief vergraben, dass sie keinen bewussten Zugang mehr zu ihnen fand. Ihre Seele hatte ihre kindliche Lebendigkeit und außerordentlich individuelle Kreativität in den vielen ungeweinten Tränen eingefroren. Je mehr Frau Mertens jedoch ihre seelischen

166

Bedürfnisse »auftauen« konnte, desto mehr entdeckte sie ihre Liebe und Begabung zur Malerei. Und die Tochter zeigte auf einmal echte Begeisterung für Musik.

Sabine hatte die unbewusste Trauer der Mutter gespürt und natürlich auch darunter gelitten, dass sie von der Mutter in einen ähnlichen Panzer gesperrt werden sollte. Da sie hinter ihrer Angepasstheit ebenfalls ein besonders kreatives Mädchen war, hat sie ganz genauso stark unter dem Konflikt gelitten wie einst die Mutter. Erst Sabines Stottern machte beide auf ihren verborgenen inneren Reichtum aufmerksam.

Befreit von ihren inneren Panzern, genießen es Mutter und Tochter heute gemeinsam, ihren Begabungen nachgehen zu können.

Frau Mertens war am Ende der Therapie ihrer Tochter richtig dankbar für ihr, jetzt der Vergangenheit angehörendes Stottern, weil sie dadurch wieder den Weg zu ihrem eigentlichen Ich und damit auch zu dem ihrer Kinder gefunden hat.

Auch der Vater hat sehr von der neuen Entwicklung seiner Familie profitiert. Er wurde von der neuen Lebendigkeit seiner Frau »angesteckt« und konnte seine eigenen Wünsche nach fröhlicherem, auch sexuellem Zusammensein mit seiner Frau wieder beleben. Wünsche, die er in der letzten Zeit mit zunehmender beruflicher Tätigkeit zugedeckt hatte.

Ich habe bei diesem letzten Beispiel die Rolle der Mutter besonders hervorgehoben, weil es leider ein noch immer typisches Frauenproblem ist, die eigenen Wünsche zu sehr zurückzustellen. In der Wiederholung erwarten Mütter in der Regel auch mehr Anpassung von ihren Töchtern als von ihren Söhnen, denen im Allgemeinen mehr Recht auf Entwicklung und das Ausleben individueller Eigenarten zugestanden wird.

Es wäre jedoch verkehrt zu schlussfolgern, dass das Stottern eines Kindes immer mit einem ähnlichen eben geschilderten Problem zu tun haben muss. Ich kann nur immer wieder betonen, dass jeder Fall anders gelagert ist.

Der nächste Abschnitt wird das deutlich machen.

Das Kind als Band zwischen den Eltern

Lassen Sie mich gleich mit einem Beispiel beginnen:

Der elfjährige Max kam zu mir, weil er ebenfalls schwer stotterte. Zu Beginn seiner psychotherapeutischen Behandlung fragte er mich, wieso er denn eigentlich die Therapie machen müsse. Ich gab ihm die Frage zurück: »Was meinst denn du selber, wieso du so schlimm stottern musst?«

Max antwortete nicht, wollte mir aber etwas zeichnen. Dabei entstand ein Bild. Max nannte es »Das zerrissene Ich« und meinte, dass er gesund sei, wenn »das c wieder dazwischen ist«.

So klar und anschaulich wie Max selber hätte ich dieses Problem niemals erklären können. Sicherlich konnte Max den Grund seines Zerrissenseins irgendwie spüren, nur wagte er es nicht, ihn gegenüber seinen Eltern auszudrücken.

Max war zerrissen zwischen den Bedürfnissen seiner Eltern: Seine Mutter wünschte sich den Jungen lieb und anhänglich. Er schlief – mit elf Jahren – in ihrem Bett, weil er so viel Angst hatte, so die vordergründige Erklärung der Mutter. Es stellte sich aber heraus, dass eigentlich die Mutter Angst hatte. Sie hatte Angst, ihren Sohn zu verlieren und auf seine Zärtlichkeit und Nähe verzichten zu müssen.

Der Vater dagegen wünschte sich seinen Sohn erwachsen, selbständig, robust, stark. Er hielt nichts von Gefühlen, empfand sie als »weibisch«!

168

Dies stellte unter anderem auch das Problem in der Ehe der Eltern dar. Max' Mutter schlief lieber mit ihrem Sohn neben sich im Bett als mit ihrem Mann, da sie seine Sexualität abstieß. Er war ihr zu grob und zu direkt, sie vermisste liebevolle und zärtliche Gesten. Herr Noll wiederum fühlte sich von seiner Frau – inzwischen zu Recht – abgelehnt und entwertet, weshalb er sich ihr gegenüber noch ruppiger und grober verhielt. Traurig, aber verständlich – wie so viele emotionale Teufelskreise.

Beide Eltern trauten sich nicht, sich ihre eigentlichen Gefühle für- bzw. gegeneinander einzugestehen, weil sie beide dieses Eingeständnis als das Ende ihres Zusammenlebens fürchteten. Beide hatten sie Eltern, die geschieden waren, zum negativen Vorbild. Sie hatten also als Kind nicht erlebt, dass man sich auseinander setzen und Gefühle und Wünsche miteinander austauschen kann, ohne einander verletzen oder sich gar trennen zu müssen.

Max war bei diesem unbewussten Spiel für seinen Vater das Aggressionsventil und für seine Mutter der Ersatz für die fehlende Zärtlichkeit vonseiten des Vaters. Je älter er wurde, desto mehr zerrten diese beiden Wünsche der Eltern an ihm und umso mehr litt er darunter, dass für seine eigene Entwicklung – aufgrund der extremen Bedürfnisse seiner Eltern – kein Raum war.

Max konnte sein Problem seinen Eltern nicht deutlich machen, weil beide sich ja gerade damit nicht auseinander setzen wollten beziehungsweise konnten.

Auf der bewussten Ebene war Max für beide Eltern der Grund und die Ursache ihres Verhaltens. Für den Vater war dessen kindliche Anhänglichkeit an die Mutter Anlass genug, seine Wut an ihm auszulassen und ihn ständig zu beschimpfen, manchmal auch zu schlagen.

Für die Mutter waren Max' Angst und Unsicherheit die Ursache für ihr Klammern.

Dieses Beispiel habe ich Ihnen so ausführlich geschildert, weil es auf so vielschichtige Weise ein zentrales Problem seelischen Leids bei Kindern veranschaulicht. Nicht jedes Kind kann seine inneren Tränen so anschaulich zum Ausdruck bringen wie Max. Doch alle Kinder bieten sich an, die Probleme der Eltern auf ihre Weise zu lösen.

An einem weiteren Beispiel möchte ich Ihnen diese Tatsache noch verdeutlichen:

Die inzwischen ebenfalls elfjährige Clarissa litt unter vielen diffusen Ängsten und musste deshalb jede Nacht im Bett ihrer Mutter schlafen, in das sie häufig einnässte. Der Vater war schon seit mehreren Jahren ins Wohnzimmer »ausgezogen«. Vordergründig stellte sich das Problem als Clarissas Konflikt dar. Bei genauerem Hinsehen kam jedoch Folgendes zu Tage:

Die Ehe der Eltern war seit langer Zeit äußerst schwierig, jedoch hatten beide Partner nicht den Mut, sich miteinander auseinander zu setzen. Stattdessen wählten sie einen typischen Nebenschauplatz! Sie kritisierten sich gegenseitig bezüglich ihres Verhaltens gegenüber den Kindern. Clarissa hatte noch einen zwei Jahre älteren Bruder. Der Vater warf der Mutter ihre Inkonsequenz und Nachgiebigkeit vor, die Mutter dem Vater seine Strenge.

Clarissa war für ihr Alter körperlich schon weit entwickelt, sie wirkte eher wie fünfzehn und kannte sich in ihrem Inneren nicht aus zwischen ihren kindlichen und gleichzeitig jugendlichen Gefühlen, Wünschen und Ängsten.

Clarissas Mutter wollte unbewusst, dass ihre Tochter immer klein und anhänglich bleiben sollte, deshalb war sie über die vielen Ängste und das Einnässen (gleich einem Baby, das noch Windeln braucht) auch bisher gar nicht so beunruhigt gewesen. Andererseits wollte sie aber, dass ihre Tochter – sie besucht die Realschule – eine gute Schülerin war und selbständig und eigenverantwortlich lernte. Der

170

Vater wünschte sich hingegen, dass seine Tochter einerseits selbständig und attraktiv sei, andererseits lieb und anhänglich – sozusagen als Liebesersatz für seine »kalte« Frau.

Clarissa hatte noch nie ein eigenes Zimmer gehabt und seit ihrer Geburt im Bett der Eltern geschlafen! Sobald sie ihren Wunsch nach einem eigenen Zimmer geäußert hatte – was wiederholt der Fall gewesen war –, hatten beide Eltern ihr vermittelt, dass in einer Dreizimmerwohnung nun mal nicht mehr Platz wäre. Auch für ihren Ärger und ihre Enttäuschung über die Bevorzugung des Bruders hatten die Eltern keinerlei Verständnis gezeigt. Es sei für sie doch eine Ehre, im Bett der Mutter schlafen zu dürfen!

Als Clarissa im Laufe ihrer Psychotherapie so viel Mut und Klarheit für sich gewonnen hatte, dass sie nun auf einem eigenen Schlafplatz bestehen konnte, und auch ihrem Ärger sehr viel deutlicher – trotz der Strafen – Ausdruck verlieh, wurde in der Familie plötzlich die schlimme seelische Not der Eltern sichtbar.

Die Mutter spürte, dass sie entsetzliche Angst davor hatte, allein zu schlafen, und floh ins Bett des Sohnes! Der Sohn wollte die Mutter jedoch nicht bei sich haben! Zu ihrem Mann wollte sie aber auf keinen Fall, da sie aufgrund von Kindheitserlebnissen sehr viel Angst vor der Sexualität hatte.

Clarissas Vater hatte seit vielen Jahren eine heimliche Geliebte und war froh, dass seine Tochter seiner Frau die Nähe ersetzte.

Mit Hilfe der Therapie wurde den Eltern möglich, sich ihrer eigentlichen Ängste und Wünsche bewusst zu werden und gemeinsam Hilfe für sich und ihre Ehe zu finden.

Clarissa war darauf bald von ihrem Einnässen und auch von den Ängsten der Eltern befreit und konnte sich nun intensiv mit ihren eigenen pubertären Problemen befassen.

Gerade bei Partnerschaftskonflikten werden Kinder oft zerrissen zwischen den unterschiedlichen Wünschen der

Eltern. Gleichzeitig dienen sie dabei vielfach als Puffer und Bindeglied. Immer wieder habe ich den Satz gehört: »Ja, wenn die Kinder nicht wären, hätten wir uns längst getrennt!« Damit belügen sich viele Eltern, denn meist sind es die eigenen Ängste vorm Alleinsein, vor Unsicherheit, finanziellen Sorgen usw., die zwei Menschen trotz ihrer Differenzen zusammenbleiben lassen.

Natürlich leiden Kinder bei der Scheidung der Eltern sehr, aber welch eine Bürde wird ihnen auferlegt, wenn sie die Verantwortung für eine gestörte Ehe übernehmen sollen!

Sicherlich sind Kinder auch ein Grund für das weitere Zusammenleben. Doch werden sich bestimmt noch andere Gründe finden, die meist ausschließlich etwas mit den Partnern zu tun haben. In der Regel sind die Wünsche an den Partner sogar noch besonders groß und nur auf das Kind verlagert, um sich vor weiterer Verletzung zu schützen. Häufig wollen sich Eltern auch nicht mit der Wahrheit ihrer Ehe oder Partnerschaft konfrontieren. Die Mühe einer ehrlichen Auseinandersetzung lohnt sich auch deshalb, weil sie ein Weg sein kann, wieder erneut zueinander zu finden.

Wenn Sie Ihre Wünsche äußern, werden Sie sicher eher ein offenes Ohr finden, als wenn Sie einander Vorwürfe machen. Ihr Partner spürt dann, dass Sie noch Interesse an ihm haben und mit Ihrem Kind als Ersatz eigentlich im Innersten gar nicht wirklich glücklich und zufrieden sind.

Das Kind als Retter

Mit dem folgenden Beispiel möchte ich Ihnen Mut machen und Sie gleichzeitig trösten, dass selbst bei sehr schweren eigenen Wunden Hilfe und »Rettung« möglich sind. Als Erwachsene greifen wir häufig zuerst einmal auf unsere

Kinder als »Retter« zurück, ohne uns dessen bewusst zu sein und folglich ohne uns die Folgen klarzumachen:

Herr Berendt hatte eine ganz entsetzliche Kindheit hinter sich, mit Eltern, die ihn nicht versorgten, geschweige denn dass sie ihn lieb gehabt haben. Er war von Heim zu Heim und schließlich wieder nach Hause geschickt worden, um für seine Eltern zu arbeiten. Er war in dieser Zeit seelisch und körperlich brutal misshandelt worden.

Dank der väterlichen Liebe eines in der Nachbarschaft lebenden Bauern konnte er in seiner Seele dennoch so viele gute Gefühle ansammeln, dass er in der Lage war, Liebe zu empfinden, zu heiraten und mit seiner Frau zwei Kinder (einen Jungen und ein Mädchen) zu bekommen.

Sven (jünger als das Mädchen) wurde mit fünf Jahren zur Therapie angemeldet, weil er sehr ängstlich war, stotterte und nachts einnässte.

Beide Eltern – auch der Vater – waren bereit, die Therapie des Kindes zu begleiten. Für den Vater bedeutete dies eine besonders anzuerkennende Leistung, da er in seiner Kindheit eine äußerst negative Erfahrung mit einem Psychologen gemacht hatte. In dem Heim, in dem er lebte, hatte er nachts Hilfe für seinen Zimmergenossen bei dem Heimpsychologen gesucht, weil dieser sich umbringen wollte. Der Heimpsychologe hatte das Kind jedoch auf seine Sprechstunde am nächsten Tag verwiesen. In jener Nacht hatte sich der Freund am Fensterkreuz erhängt.

Es bedarf wohl keiner weiteren Erklärung, um zu verstehen, dass Herr Berendt auf Psychologen nicht gut zu sprechen war. Herr Berendt hatte versucht, im Laufe seines Lebens – auch mit Hilfe seiner Frau – viele seiner schlimmen Ängste und grauenhaften Erlebnisse zu bewältigen. Dennoch waren manche Wunden nicht geheilt. In seinem Sohn wurde er nun unbewusst ständig an sich selbst als kleiner Junge erinnert. So passierte es immer wieder, dass der Vater

173

einerseits aus nichtigem Anlass äußerst wütend auf Sven wurde, manchmal musste seine Frau den Jungen vor den Ausbrüchen des Vaters sogar schützen. Andererseits sah der Vater stets seine eigenen panischen Ängste in dem Sohn und glaubte, ihn auf Schritt und Tritt beschützen zu müssen. Er konnte ihm also die altersgemäße Entwicklung zur Selbständigkeit nicht zugestehen.

Glücklicherweise konnte Herr Berendt trotz seines anfänglichen Misstrauens immer mehr Vertrauen zu mir fassen und in der Therapie viel von seinem kindlichen Entsetzen erneut durchleben und wirklich verarbeiten. Dabei wurden ihm auch die Parallelen zu seinem Verhalten dem eigenen Sohn gegenüber deutlich.

Die Wunden des Vaters waren am Ende der Therapie so weit verheilt, dass er seine verdrängten und ungeweinten Seelentränen nicht mehr an seinem Sohn »rächen« musste. Er konnte die tief in seiner Kindheit verwurzelte Wut auf seine Eltern »verstehen« und sie seinem Sohn gegenüber kontrollieren. Er strafte ihn nur noch, wenn er es wirklich wollte und ohne dabei von den unbewussten schweren Wunden und dem damit verknüpften Hass überrollt zu werden.

Ohne darüber nachzudenken, benutzen wir unsere Kinder, um uns vor dem Wiederaufbrechen der kindlichen Seelentränen zu schützen. Das ist verständlich, denn wer möchte schon freiwillig erneut an das erlebte Leid erinnert werden? Das Tragische bei alldem ist nur, dass unsere eingesperrten Kellergeister uns in unseren Kindern wieder begegnen. Sie halten uns den Spiegel vor, ob wir es wollen oder nicht. Daher sind wir als Eltern verpflichtet, die Schlüssel zu unserer verborgenen Seelenkammer zu suchen, sobald wir sehen, dass unsere Kinder leiden.

174

Abschließende Bemerkungen

Aus Liebe zu den Eltern sogar sterben

Am Ende dieses Buches möchte ich Ihnen abschließend an einem Beispiel aufzeigen, in wie hohem Maße – letztlich bis zum Tod! – Kinder in extremen Fällen bereit sind, für die Liebe zu ihren Eltern zu leiden. Ja Kinder lieben ihre Eltern so sehr, dass sie sogar bereit sind, für sie zu sterben. Vielleicht erscheint Ihnen das sehr unglaubwürdig, aber lassen Sie folgenden Fall mal auf sich einwirken:

Der neunjährige Alexander litt unter einer sehr schweren Magersucht und schwebte, als er zu mir kam, mit einem Untergewicht von 24 kg und bei einer Größe von 158 cm in höchster Lebensgefahr. In der Therapie wurde deutlich, dass Alexander unbewusst sterben wollte, um seiner Mutter und seinem Stiefvater nicht im Wege zu sein. Sein Stiefvater empfand den Jungen in seiner jetzigen Ehe als Störenfried, weil er ihn an die Vorgeschichte seiner Frau, also an Alexanders leiblichen Vater, erinnerte, den er nach wie vor als Rivalen erlebte.

Alexanders Mutter traute sich nicht, sich mit ihrem Mann auseinander zu setzen und sich ihm gegenüber zu dem Jungen zu bekennen. Sie befürchtete, erneut von ihrem Partner – wie von ihrem ersten Ehemann – verlassen zu werden. So hätschelte sie ihren Sohn in Abwesenheit des Stiefvaters, ließ ihn jedoch bei dessen Anwesenheit fallen und verbannte ihn in sein Zimmer, das er nicht verlassen durfte, solange der Stiefvater im Haus war.

175

Der Junge konnte dieses Elend nicht ertragen. Er dachte oft daran, sich umzubringen. Er wollte das aber seiner Mutter nicht antun, da sie sich dann schlimme Vorwürfe machen würde. So hat seine Seele das Symptom »Magersucht« entwickelt. Nun musste er seinen großen Kummer nicht mehr spüren, fühlte sich scheinbar völlig unabhängig und hatte bewusst keinerlei Bedürfnisse, also auch nicht mehr den großen Wunsch, von dem Stiefvater anerkannt und geliebt, von seiner Mutter beschützt und verteidigt zu werden.

Gleichzeitig beging er damit einen indirekten Selbstmord. Doch die gesunde Seite in ihm machte auf seine Not aufmerksam, ohne »böse«, das heißt aggressiv gegen seine Eltern zu sein. Die Wut und Enttäuschung gegenüber seinen Eltern hatte er aus Angst, ganz verlassen und ausgestoßen zu werden, statt gegen sie gegen sich selbst gerichtet, also autoaggressiv verarbeitet.

Bevor Sie jetzt beide Eltern verurteilen, weil diese Geschichte leider wirklich sehr tragisch ist, möchte ich auf den Stiefvater von Alexander zu sprechen kommen:

Er ist selbst ohne seinen leiblichen Vater aufgewachsen, denn dieser hatte die Mutter kurz nach seiner Geburt verlassen und sich nie um seinen Sohn gekümmert. Herr Saske hat dann im Laufe seiner Kindheit »wechselnde Väter« kennen gelernt, denen er meist lästig war. Seine Mutter hat ihn schließlich im Alter von neun Jahren in ein Heim gegeben, in dem er auch keine liebevollen Erfahrungen machen konnte.

So kannte Alexanders Stiefvater selbst keinen liebenden Vater, hatte kein »inneres Bild« vom guten Vatersein. Seine Seele war gegenüber den vielen Verletzungen seiner Kindheit taub geworden. Und so konnte er auch nicht mehr spüren, was er Alexander mit seinem Verhalten an Leid zufügte.

176

Herr Saske hatte aber immerhin so viel Verantwortungsgefühl, dass er bereit war, an therapeutischen Gesprächen teilzunehmen. So wurde es möglich, mit ihm seine eigenen eingefrorenen kindlichen Seelentränen aufzutauen, so dass er die Parallele erkennen und mit seinem eigenen kindlichen Leid auch das des Stiefsohnes wieder spüren konnte. Inzwischen haben Stiefvater und Stiefsohn eine gute, fast liebevolle Beziehung zueinander, wobei der Vater ebenfalls viel zufriedener und glücklicher ist.

Würden Sie den Stiefvater für schuldig halten? Sicher, er ist beteiligt, aber schuldig wäre er erst geworden, wenn er sich der Verantwortung und der Möglichkeit der Hilfe entzogen hätte.

Fazit: Worauf kommt es an?

Jeder von uns hat seine eigene Geschichte, und jeder von uns gibt sie in einer mehr oder weniger umfassenden Weise weiter. Niemand kann perfekt sein, was auch in keinster Weise erstrebenswert wäre. Das Leid, das Eltern ihren Kindern immer wieder zufügen, ist in gewissem Maße unumgänglich und macht die Kinder nicht seelisch krank, solange wir aufmerksam und hellhörig gegenüber ihrem Protest sind.

All diese teils schweren Erkrankungen der Seele haben Anfänge und Vorzeichen. Kinder versuchen immer, ihren Gefühlen zuerst einmal auf direktem Wege Ausdruck zu verleihen. Erst wenn sie wiederholt erleben, dass sie damit bei ihren Eltern auf taube Ohren und blinde Augen stoßen, dass sie sogar bestraft werden, wenn sie sich äußern, erst dann muss die Seele krank werden. Die Erkrankung ist wie der Notruf eines Schiffes, das der stürmischen See nicht mehr standhalten kann und zu sinken droht.

Wenn Sie diese anfänglichen Signale als Appell an Ihre eigene Seele verstehen, wird es zu keinen tragischen Verstrickungen kommen müssen.

Wenn Sie jedoch die Vorzeichen übersehen oder noch nicht verstanden haben, sollten Sie als Eltern für sich festhalten, dass alle seelischen Erkrankungen des Kindes dazu dienen, die Beziehung zu den Eltern zu verändern – sie sind der Ausdruck eines letzten verzweifelten Ringens um Verständnis. Ein Zeichen dafür, dass das Kind in einen zu großen Konflikt zwischen seinen eigenen Gefühlen, Wünschen und Ängsten und denen der Eltern geraten ist. Die Eltern selbst haben ihre ursprünglich lebendigen Gefühle abgewehrt und sind deshalb in eine innere Erstarrung geraten, die ihnen den offenen Zugang zu der Seele des Kindes deshalb verwehrt, weil der Weg zu ihrer eigenen Seele versperrt ist.

Wie wir gesehen haben, liegt die Ursache verborgener Seelentränen – bei aller Verschiedenheit der Fälle – in dem kindlichen Erleben vermisster oder verloren gegangener Liebe. Den Schmerz und die Trauer haben wir ebenso wie die Sehnsucht nach dieser allumfassenden »idealen« Liebe in die Kammern unseres Unterbewusstseins verbannt.

Unsere Kinder aber haben die Schlüssel zu diesen Kammern. Sie lassen die Kellergeister erneut lebendig werden. Wenn wir nicht bereit sind, sie als unsere eigenen Gespenster zu erkennen, wenn wir sie stattdessen in unseren Kindern bekämpfen, wird die Seele unserer Kinder leiden und wir in ihnen und mit ihnen.

Eine meiner ganz jungen Patientinnen hat dieses Gefühl bildlich umgesetzt. Sie hat sich selbst in einem Käfig sitzend gemalt, der Schlüssel lag für sie unerreichbar außerhalb des Käfigs. In diesem Bild brachte sie zum Ausdruck, dass ihre Eltern nicht bereit waren, den verlorenen Schlüssel zu suchen oder sich bei der Suche helfen zu lassen.

Als Erwachsene haben wir viele Möglichkeiten und viel mehr Kraft, unsere Wunden zu heilen und uns von unseren kindlichen Erwartungen zu verabschieden. Unsere eigenen Eltern, von denen wir uns als Kinder die »ideale« Liebe gewünscht hatten und oft immer noch wünschen, dürfen dann in unseren Augen zu den Menschen werden, die aufgrund ihrer Geschichte ebenfalls mit ihren Seelentränen zu kämpfen hatten und die uns die Liebe gegeben haben, die sie uns geben konnten. Sie trifft ebenso wenig Schuld wie Sie selbst jetzt als Eltern. Wenn wir uns mit unseren eigenen Eltern versöhnen, werden wir selbst zu Eltern, die sich ihrer Stärken und ihrer Schwächen bewusst sind. In diesem Augenblick sind wir »die besten Eltern der Welt«.

Ich würde mir wünschen, dass Sie meine Aufzeichnungen als Anregungen, Ideen und Impulse verstehen, um über sich selbst nachzudenken, in den Spiegel der eigenen Seele zu blicken – weder zornig noch Kritik übend – vielleicht mit Neugier wie auf einer Entdeckungsreise.

Allein dieses Vorhaben, diese Blickrichtung nach innen wird Ihnen Zusammenhänge offenbaren. Es werden sich Türen öffnen von Zimmern Ihres inneren Hauses, die Ihnen bisher verschlossen und unbekannt waren. Sie werden sicher einiges Gerümpel und Unbrauchbares entdecken, aber genauso sicher werden Sie manche Kostbarkeit und manchen lang ersehnten Schatz finden, der Ihren weiteren Alltag und vor allem Ihre Beziehung zu Ihren Kindern und zu Ihrem Partner sehr bereichern werden.

An dieser Stelle sei all jenen Eltern gedankt, die mich angeregt und ermutigt haben, dieses Buch zu schreiben. Mein ganz besonderer Dank gilt natürlich all meinen großen und kleinen »Patienten«, die mir geholfen haben, mit ihnen gemeinsam viel über die geheimen Wege unserer Seele zu erfahren.

Wo finde ich Hilfe?

Neben den für seelische Zusammenhänge aufgeschlossenen Ärzten finden Sie in fast jeder – auch kleineren – Stadt Erziehungsberatungsstellen, die meist von den Kommunen oder kirchlichen und anderen sozialen Trägern finanziert oder unterstützt werden. Sie sind eine erste Anlaufstelle, wenn Sie Hilfe brauchen oder sich in Fragen der Erziehung kundig machen wollen.

An größeren Schulen gibt es häufig einen Schulpsychologen oder eine schulpsychologische Beratungsstelle, wo Ihnen ebenfalls weitergeholfen werden kann.

Sollte Ihr Kind seelisch erkrankt sein, haben Sie Anspruch auf eine Krankenkassenleistung. Ganz gleich, in welcher gesetzlichen Krankenkasse Sie versichert sind, werden Beratungen, Diagnostik und Psychotherapien von Ihrer Versicherung finanziert – unter der Voraussetzung, dass der behandelnde Arzt über die entsprechende Zusatzausbildung verfügt und der Psychotherapeut die Krankenkassenzulassung erworben hat. Wenn Sie privat versichert sind, erkundigen Sie sich am besten vorher direkt bei Ihrer Kasse, da es hier sehr unterschiedliche Vereinbarungen gibt.

Sie können sich bei Ihrem Arzt, bei Ihrer Krankenversicherung oder bei der Kassenärztlichen Vereinigung erkundigen und sich Adressenverzeichnisse von entsprechenden Ärzten und Kinder- und Jugendlichen-Psychotherapeuten geben lassen. Damit ist gleichzeitig eine gewisse Qualifikationsgarantie verbunden.

Es bedarf bei seelischen Erkrankungen keineswegs immer einer längeren Psychotherapie. Oft hilft schon eine Beratung oder eine kurzzeitige psychotherapeutische Begleitung weiter. Auch hier übernehmen die Krankenversicherungen die entsprechenden Leistungen, wenn die oben erwähnten Bedingungen erfüllt sind.